好习惯、好品德、好人生

杨卫东　尹来梅　著

中国原子能出版社

图书在版编目（CIP）数据

好习惯、好品德、好人生 / 杨卫东，尹来梅著. --
北京：中国原子能出版社，2022.12
ISBN 978-7-5221-2417-9

Ⅰ.①好… Ⅱ.①杨… ②尹… Ⅲ.①素质教育—中
小学—教学参考资料 Ⅳ.①G631

中国版本图书馆 CIP 数据核字(2022)第 229354 号

好习惯、好品德、好人生

出版发行　中国原子能出版社（北京市海淀区阜成路 43 号 100048）
责任编辑　潘玉玲
责任印制　赵　明
印　　刷　北京天恒嘉业印刷有限公司
经　　销　全国新华书店
开　　本　787mm×1092mm　1/16
印　　张　15.125
字　　数　300 千字
版　　次　2022 年 12 月第 1 版　　2022 年 12 月第 1 次印刷
书　　号　ISBN 978-7-5221-2417-9　　　　定　　价　76.00 元

前　言

学生综合素质评价工作在学校工作中涉及内容庞杂，通过扭转不科学的评价导向，破除“五唯”顽疾，克服重智育轻德育、重分数轻素质等片面办学行为，落实立德树人根本任务。

自2008年起，笔者潜心研究，着眼于科学教育质量观、简便易操作的思路，以学生基础道德、行为习惯和综合素质提升为主干，以评价融合教学实践为基本路径，构建九年贯通式学生综合素质评价体系，使这项一直以来受到国家高度重视、各级教育行政部门反复强调的工作，真正发挥它原本应该有的教育、引导和激励功能，促进学生全面发展、个性发展。

本书的第一卷以培养学生的良好习惯为重点，反映教育学、心理学的最新研究成果。由“故事串”引出“问题串”。做到问题生活化、生活情景化、情景活动化，致力于引导学生养成良好的行为习惯、学习习惯和生活习惯。

第二卷主要以学生基础道德的养成为重点，着重叙述了理想、毅力、责任等与思想品德相关的故事，引导学生爱祖国、爱家乡、爱生活。

第三卷是综合素质评价的学校实施经验，介绍了潍坊市寒亭区明德学校最新版的学生综合素质评价方案和跟方案配套的评价标准、操作办法，以及各种用于评价、统计的工具量表。

笔者参与了教育部基础教育课程教材发展中心的“《初中学生综合素质评价指南》编制和实践研究”，多次在教育部组织的“初中学生综合素质评价研讨会”等会议上介绍做法，得到教育部领导及有关专家的充分肯定。并获得山东省教学成果一等奖，为深化新时代教育评价改革提供了重要实践经验。

本书咨询了众多的教育专家、心理学专家、教研员和特级教师，体现了学校教育的新理念。由于能力与水平所限，也可能存在不足之处，恳请读者批评指正。

目　录

第一卷　好习惯

第二卷　好品德

第三卷　学生综合素质评价办法及实施建议

第一卷　好习惯

第一章　三年级学习习惯

第一节　合理安排学习时间

记一记

如何安排学习时间

第一，充分利用零星时间。零星时间看似很小很小，但集腋成裘，聚沙成塔，将零星时间集合起来，就是宝贵的整段时间。

第二，提高时间的利用效率。比如，早上起来利用洗漱时间听听英语，晚上睡觉前看一看有意义的课外书。

第三，要注意劳逸结合。就像橡皮筋，老是拉扯它就会失去弹力，只有适当地放松，弹力才不会失效。大脑也一样，只有会休息的人才会学习！

读一读

阿健的日记

9月6日　星期三　晴

开学已经有一个星期了。今天中午老师给我们留了作业。这对别人来说很简单，但我中午必须睡午觉（吃完饭还拉30分钟二胡），所以我根本没时间写作业。我决定把拉二胡的时间改为写作业的时间。好吧，就这么定了。

吃完饭我到书房去写作业。写了一半，抬头一看书架上各种各样的书我便动心了，随手拿起一本《淘气包马小跳》便读了起来，真好看呀！可我一想：我还得写作业呢。可是这本书太迷人了，真是一本好书，但当我想到还得写作业的时候，我毫不犹豫地扔掉了故事书，认真地写起作业来。这道心理难关终于被我攻克了。

这件事让我知道：只要有自制力，不管什么事都不在话下。

一分钟的故事

著名教育家班杰明·D曾经接到过一个青年人的求教电话，于是与那个向往成功、渴望指点的青年人约好了见面的时间和地点。

等到那位青年人如约而至时，班杰明的房门敞开着，眼前的景象令青年人颇感意外——班杰明的房间里乱七八糟、一片狼藉。

没等青年人开口，班杰明就招呼道："你看我这房间，太不整洁了，请你在门外等候一分钟，我收拾一下，你再进来吧"。说着班杰明就轻轻地关上了房门。

不到一分钟的时间，班杰明又打开了房门，并热情地把青年人让进客厅。这时，青年人的眼前展现出另一番景象——房间里的一切已变得井然有序，而且还有两杯刚刚倒好的红酒，在淡淡的香水气息里还漾着微波。

可是，没等青年人把满腹的有关人生和事业的疑难问题向班杰明提出来，班杰明就非常客气地说道："干杯！你可以走了"。

"一分钟……一分钟……"青年人若有所思地说，"我懂了，您让我明白了一分钟的时间可以做许多事情，可以改变许多事情的深刻道理"。

议一议

1. 三个学生写作业：一个学生放学就写，写完就玩去了；一个边玩边写，写到吃晚饭；一个写完又检查一遍，学会弄懂它。讨论一下，哪个学生的学习效率高？

2. 班杰明为什么让年轻人在门外等一下，然后自己收拾房间？

3. 年轻人没有向班杰明请教问题，可是他懂得了什么道理？

做一做

星期一的早上，老师检查同学们的作业，发现"小博士"王朋的作业完成得非常好。究其原因，原来他是根据双休日学习计划进行学习的。

小博士双休日学习计划

	上午	下午	晚上
星期六	做语文作业	自由活动	自由活动
星期日	预习数学	自由活动	阅读名著

同学们，你有双休日学习计划吗？请参考小博士的学习计划，制定出你的学习计划。

第二节　学会自己解决学习中遇到的问题

读一读

美国小男孩的启示

美国幼儿园有一个小男孩，发现自己的东西丢了，于是他在纸上画出了自己丢失的东西，还请老师附写了一份寻物启事。

如果这种事发生在我们国家，多数孩子会求助老师："老师，我的东西丢了"。而这个美国小男孩在求助大人前，先考虑用自己的力量解决问题，他在这件事中表现出的不怕麻烦、勤于动脑的做法是值得每一个孩子学习的。

从幼儿园开始，我们就应该注意培养孩子自己解决问题的能力。当孩子弄倒了玩具箱，把玩具撒了一地时，老师不应该只顾着自己收拾，而应该教给孩子如何自己处理。孩子通过自己处理，不但学会了如何解决问题，而且也从中懂得了要对自己做过的事情负责。慢慢地，他就养成了正确处理问题的好习惯，并逐渐增强了解决问题的自信心。

海伦 •凯勒的成长故事

1880年，海伦•凯勒出生在美国。不幸的小海伦，在生了一场重病之后，双目失明，双耳失聪。天哪，谁能想到，当时，她才是一个一岁半的娃娃呀！从此，小海伦与有声有色的世界隔绝了。她面对的是无边无际的黑暗和死一般的沉寂。她不能喊一声"妈妈"，也不能倾诉心中的希望和要求。她变得暴躁起来，脾气越来越坏。

就在这时，家庭教师安妮•沙利文来到了海伦身边。

沙利文老师开始教海伦摸盲文、拼单词。一次，她们路过水井房时，沙利文老师把海伦的一只手放在水管口上，这时一股清凉的水在海伦手上流过。沙利文在海伦的另一只手上拼写了"水"这个单词。海伦猛然醒悟，原来"水"就是这种清凉而奇妙的东西啊！她心中充满了前所未有的喜悦，感到生命有了新的开始。

在沙利文老师的精心指导下，海伦学会了拼写自己的名字，学会了拼写"泥土""种子"等许多单词。她不分昼夜，像一块干燥的海绵吮吸着知识的甘霖。她拼命摸读盲文，不停地书写单词和句子。她是那样的如饥似渴，以致于小手指都磨出了血。沙利文老师心疼地用布把她的手指一一包扎起来。就这样，海伦学会了阅读、书写和算术，学会了用手指“说话”。

我们应该向小男孩和海伦•凯勒学习什么？

我们在学习中可能会遇到很多问题。有的人在面对困难时退缩了，而有的人却鼓起勇气迎接困难。那么，我们应该怎么做呢?

正确的做法应该是，当我们遇到困难或问题时要勇敢地面对，并且以百倍的信心去迎接挑战。

同学们，在课后遇到学习上的问题时该怎么解决呢？下面为大家提供一些必要的方法，不妨试一试。

试一试

1. 学会独立思考。在遇到问题时，首先要学会独立思考，争取对要解决的问题有一个大概的思路，然后想出解决此问题的具体方法或步骤。

2. 要向书本请教。在遇到不会的问题时，先看看书上的相关内容，找到解决问题的方法。

3. 虚心向别人请教。当经过思考、查阅书本之后，如果问题还解决不了，那就最好请教别人。在学校，你可以向老师、同学请教；在家里可以向家长请教，家长不会的，也可以打电话向老师、同学请教。

4. 要有打破砂锅“问”到底的精神。一定要把问题真正搞懂，不要似懂非懂就点头称是，也不要因为爱面子没听懂就说听懂了。对于请教别人的问题，自己还应认真思考、反复理解，充分地消化吸收，这样才能真正把它变成自己的知识。

写一写

写一篇日记，记一两件自己在学习中是如何克服困难、取得进步的事情。

第三节 学会提问，学会质疑

思想的闪光

一件偶然的事往往能引起一些人思想的闪光。

1666年夏末的一个傍晚，在英格兰林肯郡乌尔斯索普，一个腋下夹着一本书的年轻人走进花园，坐在一棵树下，开始埋头读书。当他翻动书页时，一个苹果从树上落了下来，砸在了他的头上。

他心里非常纳闷，为什么苹果不飞上天，而是落到地上呢？如果苹果树长得非常高，苹果还会下落吗？他认为苹果都会落回地面，可能与高度无关。他接着想，如果苹果长在月亮那么高的地方，是不是也会落回地面呢？但是，月亮为什么不落回地面呢？他又想，如果在山顶上把一颗炮弹发射出去，炮弹将会以曲线轨道落到地面，发射速度越大，炮弹落得越远；如果发射速度足够大，炮弹就会绕地球旋转，可能永远不落回地面。接着，他想到，以足够大的速度绕地球旋转的炮弹多么像月亮，可是它为什么也不飞离地球呢？一定是它们之间存在着一种相互作用的力，正是这种作用力才使炮弹、月亮围绕地球旋转。

这个人就是牛顿，后来证实这种力便是著名的万有引力。牛顿充分利用他的数学才能，完成了万有引力定律的数学表述，成了一位伟大的科学家。

佳佳的故事

有“问题大王”之称的佳佳，小时候经常问一些稀奇古怪的问题，能把爸爸妈妈和老师都问住，弄得他们有时候都哭笑不得。

她的问题可以从天空问到地下，从头发问到脚趾，开口闭口就是“为什么”。

“为什么天会下雨？”

“为什么眼泪是从眼睛里流出来的？”

长大了，她更喜欢问“为什么”。不过问的都是一些更为实际的问题。

“为什么这道题要这样解答，那样解答不好吗？”

“为什么它点燃以后会有蓝色的火焰？”

不过，多亏她问了这么多的“为什么”，这次在全校百科知识大赛中，佳佳获得了第一名。同学们都问她怎么这么难的题目都能回答出来。她很骄傲地说:“因为我是‘问题大王’呀！”

1. 牛顿是怎样发现万有引力定律的？

2. 佳佳是如何成为“问题大王”的？

学会提问，学会质疑，对我们的学习和生活非常重要，具有提问问题的意识应该成为我们的重要意识。首先，我们要以轻松愉快的心情投入到学习活动中去；其次，要培养自己爱问问题的意识，充分提高自己质疑的能力。除了做到想问、敢问、好问、会问之外，我们还要虚心向他人学习。

实践证明：针对重点和难点提出问题，能激发我们学习的主动性和积极性。更重要的是，它能从根本上消除我们在学习上的依赖心理，使自己成为主动探索者，充分发挥我们的潜力。

试一试

以下方法可以让你成为一个善于质疑的人，请在今后的学习与生活中试一试吧。

1. 遇事要习惯多问几个“为什么”？

2. 仔细观察生活，能对一些自然现象提出疑问，进行大胆的猜想。

写一写

爱因斯坦说：“提出一个问题，往往比解决一个问题更为重要。”可以说提问是深入学习的起点。学习的过程，就是一个不断发现问题、提出问题和解决问题的过程。

你同意以上观点吗？请把自己的意见写出来，在小组内交流。

第四节　学会主动分析问题、解决问题

读一读

小红的过人之处

小红是三年级四班的班长。她不仅品学兼优、才华出众，而且管理班级有两把“刷子”，是老师的得力助手。谈到她的过人之处，最重要的就是她在面对问题时主动分析、全力解决的能力了。

小红从小就是一个独立的孩子，自己能做的事从不依赖别人。每当遇到难题时，她最先想到的不是向别人求助，而是自己主动分析，独立解决。在学习上遇到了困难，她会先回忆老师讲过的有关知识，找一找以前做过的类似题目，然后尝试解决。结果很多同学解答不出的问题，她都能解决。当同学之间发生矛盾时，她不是先去找老师，而是主动帮助同学分析矛盾的始末，提出合理的解决办法。

在面对问题时，她总能顺利地合理解决，受到了同学们的拥戴和老师的赞扬。

真是太精彩了

德国数学家高斯，是近代数学奠基者之一，有“数学王子”之称。

在小高斯十岁时，有一次数学老师让他们解答一道习题：立即计算出“1+2+5+4+…+100=?”的答案。孩子们都想第一个计算出来，立刻在草稿纸上算了起来。

只有小高斯还没有开始动手算，他想：一定得经过这么复杂的计算过程吗？

这时候，老师看见了他，走上前来问：“为何还不开始计算？“小高斯说他已经知道答案了，是“5050”。高斯告诉老师，他通过观察发现这一组数字中 1 加 100 等于 101、2 加 99 等于 101……这样的等式一共有 50 个，因此这道题可以简化为“101 × 50=5050”。

“真是太精彩了！”老师赞扬道。

🕮 议一议

1. 小红为什么能够成为一个品学兼优、广受赞扬的好孩子呢？

2. 高斯的这种“精彩”是否取决于他的智商？为什么？

怎样成为一个会分析问题、解决问题的人呢？不妨尝试以下的方法。

🕮 试一试

1. 在学习过程中独立思考、及时总结。

2. 不但要熟悉理论知识，而且还要关注其在实际生活中的应用。

3. 不但要有决心和信心，而且还要有脚踏实地的干劲。

4. 不但要得到正确答案，而且还要注重解题过程（细节）。

5. 不但要刻苦学习，而且还要讲究科学方法。

6. 不但要做知识的接受者、拥有者，而且还要通过对学科的学习来提高自己的文化素养。

勤于思考

勤于思考是一个好习惯。我们不但能从伟人身上找到它，在我们的日常生活中也随处可见这种好习惯。例如老师提出一个问题，很多同学可能用不同的方法解答，这不同的方法就是同学们认真思考的结果。

俗话说“流水不腐，户枢不蠹”。如果你在学习中不善于思考、不勤于思考，久而久之，懒惰、消极等不好的习惯就会随之而来。如果我们养成了勤于思考的好习惯，我们也会因此更加出类拔萃。

写一写

你是如何做到勤于思考、积极思考的呢？请写出来，与同学们分享自己的好做法。

第五节　遵守纪律，专心上课，独立完成作业

读一读

驼背捕蝉

有一次，孔子从一片树林中经过，见一个驼背老人拿着一根长竹竿正在捕捉树上的蝉。这种长竹竿顶端装有胶状物，靠它把蝉粘住。驼背人捕起蝉来十分熟练，就好像随手拾取什么东西一样容易。

孔子不禁赞叹道："你捕蝉可有什么诀窍吗？"捕蝉的驼背老人说："我有诀窍呀！为了提高捕蝉的技艺，我在竹竿顶端摞上两个丸子，使丸子不跌落下来。经过五六个月的苦练，竹竿顶端上摞两个丸子可以不掉下来，这时候，捕起蝉来失手的情况就极少了；等到竹竿顶上摞上 3 个丸子而不掉下来时，那么失手的机率只有 1/10；摞上 5 个丸子而不掉下来，捉起蝉来，就像现在这样熟练了。我捕蝉时身体的姿势，就像树墩一样静止不动；我的手臂，就像枯干的树枝一样。尽管天地这么大，万物这么多，而我所知道和顾及的只有蝉的双翼。

我不旁顾他物，不因为其他的东西而转移了对蝉翼的注意力，怎么会捕捉不到蝉呢？"

孔子听后，对他的弟子说："用心专一，就可以与神工相比。这就是驼背老人告诉我们的道理！"

卓娅的故事

卓娅从小就很懂事，她疼爱弟弟，尊敬长辈，关爱他人，正直善良。她的身上体现了积极向上的热情、爱憎分明的情感和在艰苦环境中不屈不挠的勇气。有一次，卓娅在做家庭作业时，被一道题难住了。她苦思冥想，算来算去，还是没有做出来。这时天色已晚，弟弟舒拉对她说："别做了，看我的答案吧。"说完，把自己的作业放在卓娅面前就去睡觉了。但是，卓娅始终没有看弟弟的答案。她独立思考，最后终于做出来了。

想一想

1. 驼背老人捕蝉的故事对你在学习上有什么启示？

2. 卓娅的这种独立思考、完成作业的做法是值得我们每一个人学习的。面对写好的、可以直接抄的作业，换作你会怎么做呢？为什么？

唱一唱

专心听讲

教室里面真安静，老师讲课仔细听。
眼睛也要注意看，精神集中不走神。
积极发言动脑筋，学习内容全弄清。
专心致志学功课，学得又好又轻松。

作业

学习好，有诀窍。做作业，很重要。
字迹清，不潦草。格式对，质量高。
审题中，细思考。自己做，不照抄。
检查时，不急躁。守纪律，按时交。

做一做

遵守课堂纪律是学生最基本的礼貌。我们应该怎样做呢？

在课堂上，要认真听老师讲解，注意力集中，独立思考，重要的内容应做好笔记。

当老师提问时，应该先举手，待老师点到你的名字时才可以站起来回答。发言时，身体要立正，要落落大方，声音要清晰响亮，并且应当使用普通话。在周围环境不太安静时，要学会克服他人干扰，专心听课。

家庭作业是老师为了让学生对当天的学习内容进行巩固而布置的。对于我们小学生来说，如果当天的知识掌握了，一般都能独立完成家庭作业。

试着做一做。

1. 坚持自己的作业自己完成。

2. 和同学比赛看谁先完成作业。

3. 争取在课堂上掌握所学的知识，学着给不懂的同学讲解。

4. 与学习好的同学交流一下，听听他们是怎样听课的。

第六节　读书破万卷，下笔如有神

📖 读一读

爱读书的毛泽东

毛泽东是一个爱读书的人。几十年来，毛泽东虽然很忙，可他总是挤出分分秒秒的时间用来读书学习。他的中南海故居，简直是书的天地，卧室的书架上、办公桌上、饭桌上、茶几上，到处都是书，就连床上也都堆满了书。为了读书，毛泽东把一切可以利用的时间都用上了。在下水游泳之前活动身体的几分钟里，他还要看上几句名人的诗词。游泳上来后，他都顾不上休息，就又拿起了书本。连上厕所的几分钟，他也不白白浪费掉。

毛泽东外出开会或视察工作时，常常带着满箱子的书。途中列车震荡颠簸，他也全然不顾，总是一手拿着放大镜，一手按着书页进行阅读。到了外地，他的床上、办公桌上、茶几上、饭桌上也都摆满了书，一有空就进行阅读。毛泽东晚年时虽重病缠身，但他仍不忘阅读。他重读了从延安带到北京的《鲁迅全集》及许多其他书刊。

毛泽东的读书兴趣很广泛，涉及到哲学、政治、经济、历史、文学、军事等领域。在他阅读过的书籍中，历史方面的书籍是比较多的。中外各种历史书，特别是中国历代史书，从《二十四史》《资治通鉴》《历朝纪事本末》到各种野史、稗史、历史演义等他都广泛涉猎。他历来提倡“古为今用”，非常重视历史经验。他在著作、讲话中，常常引用中外史书上的历史典故来生动地阐明深刻的道理，他也常常借助历史的经验或教训来指导和对待今天的革命事业。对于中国文学方面的书籍，毛泽东也读得很多，他是一个真正博览群书的人。

正因为他读的书多，所以他才思敏捷，笔耕不辍，写下了大量脍炙人口的诗词，也为后人留下了许多宝贵的革命经验。

📖 议一议

毛泽东读书的故事对你有哪些启示？

试一试

做一个会读书的人

同学们，你们喜欢读书吗？那你们是怎样读书的呢？

读书似乎是一件苦差事，不然，为什么有人要头悬梁、锥刺股呢？

读书似乎又是一件快乐的事，否则，为什么有人可以不吃饭、不睡觉，却不能不读书呢？读书，是一种知识的积累，文化修养的提高，艺术的沉淀，形象的塑造。

培根说：“读史使人明智，读诗使人灵秀，数学使人周密，科学使人深刻，伦理学使人庄重，逻辑修辞之学使人善辩。”读书能帮助一个人走向成功。

同学们，让我们养成爱读书、读好书的好习惯吧！

下面的几种读书的方法，可以试一试。

1. 采用“筛选”式阅读法。

2. 要聚精会神地阅读。

3. 提倡理解性地阅读。

4. 学会运用多种形式的学习方法，不断提高阅读速度。

5. 读过一本书后写一写感受，养成写读书笔记的好习惯。

6. 经常进行阶段性反思和归纳。

诵一诵

多读书，常看报，课外积，不可少。
好词语，精彩句，名人言，多摘抄。
可复印，可剪贴，分类放，保管好。
常看看，细品味，长坚持，收益高。
说话时，多引用，作文中，选用好。

第二章　三年级行为习惯

第一节　孝敬父母，尊敬师长

读一读

陈毅探母

陈毅是中国人民解放军的创建者和领导者之一，也是中华人民共和国十大元帅之一。陈毅还是一个非常孝敬父母的好儿子。

1962 年，陈毅元帅出国访问回来，在路过家乡时，他就抽空去探望已经身患重病的老母亲。陈母瘫痪在床，大小便不能自理。看见陈毅进了家门，母亲非常高兴。陈母刚要向儿子打招呼，忽然想起换下来的尿裤还在床边，于是她赶紧示意身边的人把尿裤藏到床下。陈毅见了久别的母亲，心里很激动，握住母亲的手，关切地问长问短。过了一会儿，他对母亲说："娘，我进来的时候，你们把什么东西藏到床底下了？"母亲知道瞒不过去了，只好说出了实情。陈毅听后，忙说："娘，您久病卧床，我不能在您身边伺候，心里非常难过。这裤子应当由我去洗，何必藏着呢。"这时旁边的人连忙把尿裤拿出来，抢着去洗。陈毅急忙挡住他们，动情地说："娘，我小时候，您不知为我洗过多少次尿裤，今天我就是洗上 10 条尿裤，也报答不了您的养育之恩！"说完，陈毅把尿裤和其他脏衣服都拿去洗得干干净净。母亲欣慰地笑了。

程门立雪

远在北宋时期，福建将东县有个叫杨时的进士，他特别喜好钻研学问，到处寻师访友，曾就学于洛阳著名学者程颢门下。程颢死后，又将杨时推荐到其弟程颐门下，在洛阳伊川所建的伊川书院中求学。杨时那时已 40 多岁，学问也相当高，但他仍谦虚谨慎，不骄不躁，尊师敬友，深得程颐的喜爱，被程颐视为得意门生，得其真传。一天，杨时同一起学习的游酢向程颐请求学问，却不巧赶上老师正在屋中打盹儿。杨时便劝告游酢不要惊醒老师，于是两人静立门口，等老师醒来。一会儿，天飘起鹅毛大雪，越下越急，杨时和游酢却还立在雪中。游酢实在冻的受不了，几次想叫醒程颐，都被杨时阻拦住了。直到程颐一觉醒来，才赫然发现门外的两个雪人！程颐深受感动，从此更加尽心尽力教杨时。杨时不负重望，终于学到了老师的全部学问。之后，杨时回到南方传播程氏理学，且形成独家学派，世称“龟山先生”。后人便用“程门立雪”这个典故，来赞扬那些求学师门，诚心专志，尊师重道的学子。

说一说

1. 你从上面的两个故事中懂得了什么？

2. 你平时是怎样孝敬父母、尊敬师长的？

尊重老师，重要的是要尊重老师的劳动成果。这就要求我们从遵守课堂规范做起，即：上课起立，向老师行注目礼；保持良好的坐姿、站姿、读姿、写姿。上课不迟到，不将与学习无关的物品放在桌上，不打瞌睡，衣着整洁，认真听课，做好笔记，认真思考并积极回答老师的问题。课间休息时，主动擦黑板、打扫讲台，不翻阅老师放在讲台上的资料。课后及时整理笔记，复习老师当天传授的知识；认真完成作业，做到书写端正，清洁整齐，不抄袭。这就是尊重老师劳动成果的具体表现。

请将这些尊重老师劳动成果的具体表现落实到自己的行动中。

写一写

父母是生我们养我们的人，也是我们最亲近的人。父母为我们遮风挡雨，为我们驱寒问暖，为我们提供衣食。我们应报答父母。这种报答最起码的方式就是尊重。尊重父母要从日常的点滴小事做起，哪怕是说一句温暖的话语，倒一杯水，削个苹果，讲个故事逗他们开心，父母都会心情愉快的。

我们尊重父母应该做到哪些呢？请写出 4 条。

第二节　耐心倾听用文明语言交谈

读一读

耐心倾听别人说话

在正常的人际交往中，我们如果不注意倾听别人说话，总是急于表白自己的意见或表现自己，那么，就很难了解别人的思想，理解他人的情绪，也很难与别人友好地相处。

善于倾听，可以在正确理解别人说话的同时也让别人正确理解自己。因为只有我们听懂了别人说话的意思，才能选择、确定自己的行为，别人才会用理解、肯定和赞同的态度对待我们。

在倾听别人说话的过程中，要开动脑筋，努力与自己的经验、想法进行对比，找出与他人的不同点，并找出不同的原因，努力对别人的言论做出正确的判断，并选择恰当时机进行积极的交流，注意不随意打断别人。

倾听别人说话时自己的表情要自然，目光要注视对方。保持良好的姿态倾听别人说话，也是对别人的尊重。如果自己有要紧的事情，不得不中断倾听时，要对别人说声“对不起”，并向人家说清楚事情紧急的原因，然后礼貌客气地离开。

一套衣服

一位顾客在一家商店买了一套衣服，回家穿上后却发现这套衣服的上衣褪色，把他的衬衣领子都弄黑了。于是他将这套衣服带回店里，找到卖给他衣服的店员，告诉他事情的情形。他想诉说此事的经过，但他被店员打断了。

“我们已经卖出了许多这样的衣服，”这位售货员反驳说，“你还是第一个来挑剔的人。”

他正要申辩，另一个售货员也加入进来再次打断了他的话。

“所有黑色的衣服起初都要褪一点颜色，”他说，“那是没有办法的。这种价钱的衣服就是如此，那是颜料的关系。”

这时，顾客已经火冒三丈。因为这两个售货员几次打断他的话，说明他们压根就没有打算听他投诉的意思。另外，第一个售货员怀疑他的诚实，第二个暗示他买了一件便宜货，于是辩论变成了争吵。

正在这时，经理走了过来。他的态度完全不同。他静静地听这位顾客从头至尾讲他的经过，不说一个字。听完之后，他承认他不知道这套衣服有褪色的毛病，并率直地对这位顾客说：“你要我如何处理这套衣服呢？你说什么，我可以照办。”

就在几分钟前，顾客还预备告诉他们收起那套可恶的衣服，但现在他却回答说：“我只想要你的建议，有什么办法解决。”

事情就这样顺利解决了。可见耐心听别人说完话是多么的重要。

说一说

1. 在家里父母有时批评我们，我们能做到耐心倾听父母的批评吗？
2. 我们应该怎样对待老师的批评？
3. 有时别人对我们的批评过于片面，我们能耐心地听别人把话说完吗？

右图中的人物怎样相互交谈？

写一写

列宁让路

有一次，列宁同志下楼，在楼梯狭窄的过道上，正碰见一个女工端着一盆水上楼。那女工一看是列宁，就要退回去让路。列宁阻止她说：“不必这样，你端着东西已走了半截，而我现在空手，请你先过去吧！”他把“请”字说得很响亮，很亲切。然后自己紧靠着墙，让女工上楼了，他才下楼。

你从上面的故事中读出了什么？请写出来与同学们交流。

第三节　勤换衣服，勤洗澡，讲究个人卫生

读一读

好习惯是培养出来的

某地有一所小学，学校给学生提出了一个很特殊的要求：凡是这所学校的学生，每个人上学期间要有两双袜子。每天回家要自己洗袜子，第二天要穿一双干净的袜子上学。学校认为，学生穿着一双干净的袜子上学，不仅脚很舒服，还有一种新的开始的愉悦。而且，洗袜子能养成爱劳动的好习惯。

有一次，该小学组织学生去游乐场游玩。在跳蹦蹦床的时候，别的学校的学生一脱鞋，臭气熏天，特别是男孩子的脚更臭。可是，这所小学的学生脱了鞋，却闻不到一点儿异味。这让管理人员大为感动，因而特别欢迎这所学校的学生。这说明学校使学生养成了爱劳动、讲卫生的良好行为习惯。

饭前洗手

有一位叫李刚的孩子，他的父母特别注意卫生。他妈妈告诉他，要从小养成爱清洁、讲卫生的好习惯，尤其是饭前便后洗手的习惯。

李刚问："为什么饭前便后要洗手？"妈妈告诉他："因为手摸了脏东西，在吃饭前不洗干净，吃进肚子里就会生病，肚子里就会长出虫子来。有虫子，就要去医院打针吃药了。"等他稍大一点，妈妈还进一步告诉他，饭前便后洗手可以预防各种肠道传染病、寄生虫病。

于是，李刚每天早晨起床后，自己洗脸、洗手。尤其是吃饭前，从来都不用人提醒，自己主动去洗手，打肥皂，口里还念念有词：洗完手，要甩三下，把自己手上的水甩干。有时大人一忙，吃饭前忘记了洗手，他总是及时提醒大人。

想一想

1. 你喜欢洗澡吗？为什么？

2. 不喜欢洗澡、换衣服鞋袜，可能会产生什么样的后果呢？

3. 如果你是游乐场的管理员，你欢迎什么样的小顾客呢？

4. 俗话说"病从口入"，说明了什么？

5. 有人认为“不干不净，吃了没病”，有没有科学根据？为什么？

6. 从小养成良好生活卫生习惯，有哪些重要意义？

学一学

图中的同学怎样做的？

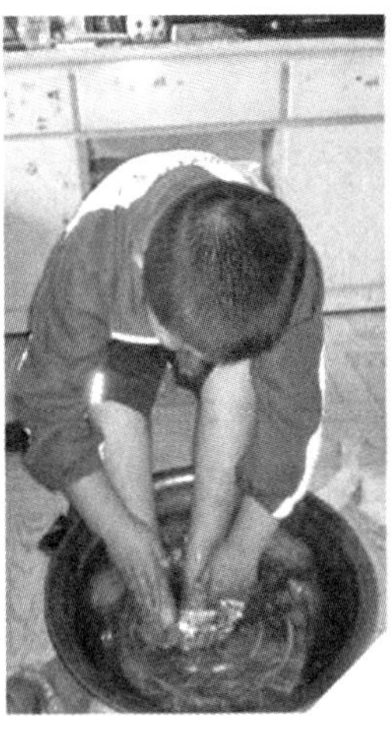

讲卫生

自来水，清又清，
洗洗小手讲卫生。
伸出手来比一比，
看谁洗得最干净。

写一写

讲究个人卫生，做到勤洗澡，勤换衣、裤，勤理发，勤剪指甲。讲究饮食卫生，做到不喝生水，不吃生、冷和不清洁的食物，不暴饮暴食。饭前便后要洗手，饭后半小时内禁止做剧烈运动。不随便使用他人的生活用品和餐具。注意用眼卫生。必须坚持天天做眼保健操，看书写字姿势端正，做到“三个一”（一尺、一拳、一寸），定期检查视力，及时矫正眼病。

你是怎样讲究个人卫生的？请写出来，在小组内交流。

第四节　积极参加学校组织的各种劳动

读一读

勤于劳动，做一个热爱学校的人

天下大事，必作于细；天下难事，必作于易。

在我们的校园里，每天都有一群值日的同学，他们默默地打扫着卫生、随手捡起地上的垃圾……他们创造了干净整洁的校园。但在校园中，也时常会出现一些不和谐的音符：洗手间里的水龙头“不辞辛苦”地滴着水，大小不一的纸团点缀着垃圾桶的周边，雪白的墙壁不经意间总会出现几个脚印，楼道里的标语牌也光荣挂彩……这一切让我们感到难过和痛心。

热爱劳动是中华民族的传统美德，我们理应将它传承下去。我们要从自身做起，从小事做起，从细节做起，做一个勤于劳动、热爱学校的人。

吕东爱劳动

2010 年秋天，6 岁的吕东踏进了学校。那时，吕东经常做好事不留名。每天他第一个到学校的目的就是趁其他同学来之前把教室清扫一遍，然后偷偷躲起来，看着干净整洁的教室，享受同学们你一言我一语的揭谜过程。

2014 年 9 月 1 日，是新来的班主任李老师接管三年级一班的第一天。吕东来报名时，见了老师，未曾开口脸先红了。李老师一下子就记住了这个班上唯一姓吕的学生，并随口安排他：“明天就要照课程表上课了，你去帮助其他同学一起打扫教室，好吗？”他点点头，转身走了。

一个小时后，李老师特地跑到教室查看，发现教室地面扫得干干净净，桌椅摆得非常规整，桌面擦得光亮。第二天一上课，李老师欲表扬昨天打扫卫生的学生，并想让他们站起来相互认识一下，但没有一个站起来。“吕东。”老师点名让他站起来，“还有其他三位，也站起来。”只见其他三位学生起来时，都低着头，其中一个人说出了原因：“昨天，我们溜走了，是吕东一个人搞的卫生。”从此，吕东的形象深深地刻在李老师的心中。

想一想

吕东为什么会给老师留下深刻的印象？

说一说

高尔基说：“我们世界上最美好的东西，都是由劳动人民的聪明和双手创造出来的。”我们生来就是一群劳动者，我们的劳动，创造出了这个七彩世界；我们的劳动，让田野瓜果处处飘香；我们的劳动，让红领巾漫天飞舞。

1. 你是一个热爱学校、为维护学校的清洁和美丽而勤于劳动的人吗？在学校里你参加过哪些劳动？

2. 怎样才能成为勤于劳动的好学生呢？

提示：树立正确的劳动观点和劳动意识；养成爱劳动的习惯；掌握一定的劳动技能。

📖 写一写

把你参加过的印象最深的一次劳动写出来与大家分享。

第五节　主动帮助有困难的人

📖 看一看

右图中的小同学正在干什么？

📖 读一读

助人为乐是一种美德

助人为乐是一种美德，也是人格升华的标志。助人为乐要从日常小事做起，不能因善小而不为。

现代化建设需要助人为乐的精神。帮助别人，不但能给别人带来便利，对自己来说也是一种幸福的事情。如果人人都伸出一双援助之手，世界将变得更加和谐、美好。

上学路上

早上，小明背着书包高兴地走在上学的路上。路上的车辆和行人特别多。忽然，小明发现前面有一位戴着墨镜、手拄着拐杖的老爷爷，正小心翼翼地向前走着。小明心想：他可能是个盲人，走在这样拥挤的路上，说不定会遇到什么危险的事情呢，我干脆跟着他走吧。

突然，前面的路上出现了一个凹凸不平的坑，小明立即上前拉住老爷爷，对他说："老爷爷，前面有坑，危险！"此时，老爷爷已经用拐杖测出了前方有障碍，赶紧跟着小明绕道走过去了。

走过了这条凹凸不平的路，老爷爷紧紧地握住小明的手，不停地说："小朋友，谢谢你！”小明笑了笑说：“这点小事算不了什么，不用谢。老爷爷，您自己一定要注意安全。”

小明一看手表，呀！时间来不及了，就赶忙向着学校的方向跑去了。

唱一唱

爱的奉献

黄奇石

这是心的呼唤
这是爱的奉献
这是人间的春风
幸福之花处处开遍
这是心的呼唤
这是爱的奉献
这是人间的春风
这是生命的源泉
再没有心的沙漠
再没有爱的荒原
死神也望而却步
幸福之花处处开遍
啊
只要人人都献出一点爱
世界将变成美好的人间

做一个有爱心的人

1. 帮助别人，务必从一点一滴的小事做起。

2. 帮助别人，要长期坚持。

3. 只要别人有困难，我们都要尽量给予帮助。

4. 帮助别人，要无私奉献，不要讲究报酬。

写一写

关心他人，在他人有困难的时候，能主动热情地给予帮助和照顾，急人之急，忧人之忧，救人之危。以帮助别人为快乐，这是人际交往中一种高尚的行为。

助人为乐，是建立在共同的理想上的。在闻名世界的两万五千里的长征途中，有许多战士把自己的粮食、药品甚至生存的希望让给了战友，而把饥饿、苦难和死亡的威胁留给了自己，这也是助人为乐的重要体现。

同学们，当你们身陷困难时，你们是否渴望得到别人的帮助？我们的回答是肯定的。同样，当别人身陷困难时，我们也要助人一臂之力。

同学们，你们平时是不是也遇到过一些身体有残疾，需要帮助的人呢？你们又是怎么做的呢？请写出来，在组内交流。

第三章　三年级生活习惯

第一节　按计划做事

居里夫人的故事。几十年前，波兰有个叫玛妮雅的小姑娘，学习非常专心。不管周围怎么吵闹，都分散不了她的注意力。

一次，玛妮雅在做功课，她姐姐和同学在她面前唱歌、跳舞、做游戏。玛妮雅就像没看见一样，在一旁专心地看书。

姐姐和同学想试探她一下。她们悄悄地在玛妮雅身后搭起几张凳子，只要玛妮雅一动，凳子就会倒下来。时间一分一秒地过去了，玛妮雅读完了一本书，凳子仍然竖在那儿。

从此姐姐和同学再也不逗她了，而且像玛妮雅一样专心读书，认真学习。

玛妮雅长大以后，成为一个伟大的的科学家。她就是居里夫人。

📖 读一读

强强

强强是个什么都喜欢的小男孩，细心的妈妈却发现强强做事有点盲目。比如画画，强强总是拿起画笔，想都不想就左一个圈、右一个圆地画，问他画什么，强强总是摇摇头说:“哎呀，别问了，我也不知道画什么！”

周末，小表弟来强强家玩，他们一起堆起了积木。不一会儿，小表弟就搭了一座漂亮的红顶屋。而强强却煞有介事地拿着积木堆来堆去，可是一直摆到最后一块积木，也没看出强强在搭什么。小表弟问:“哥哥,你这是什么呀！”“我也不知道搭了个什么。”看着小表弟搭的漂亮的小房子，强强心里又是佩服又是难过。

说一说

1. 居里夫人哪些做法值得你学习？

2. 强强为自己不知道搭什么而难过，可他又不知道怎样才能做好。同学们，我们一起来帮强强想想，怎样才能改变现在的状况？

记一记

做事有计划

做事有计划这一习惯的养成对于成长中的我们来说，是非常重要的。它不仅可以帮助我们有条不紊地处理很多事情，而且能够提高我们的学习效率。因此，我们要做到以下 4 点。

1. 一次就把事情做到位，不要等到回头总结的时候才发现有问题。那样的话，每件事情虽然完成了，却没有什么收获。

2. 一次专心做一件事情，用最快的速度把事情完成，然后迅速进入下一项。

3. 善于将零散的时间加以利用，腾出整块的时间做重要的事。

4. 搞明白哪些东西是值得把时间花在上面的，把时间花费在容易出成绩的地方，否则把时间花在没有或意义不大的事情上面，同样是一种浪费。

其实，若能事前把每件事情都计划好，把时间安排好，如期完成任务并不难，也并不是件特别辛苦的事。

写一写

自我控制就是说自己能管住自己，就是说该做什么就做什么，而不去做不该做的事。如何学习自制呢？

首先，自制力差的人光靠自己的努力是不行的，还要有一定的外力帮助。在班里，我们可以找一名自己信任的、自制力强的同伴，与他结队，采取“一对一”帮助式，让他提醒、监督自己。

其次，与家长配合，共同制订学习和生活制度。

最后，主动锻炼意志。要提高自己的自制力水平，光有愿望是不够的，还必须有行动。对于我们学生来说，平时的学习就是一种锻炼。

当你正在做某件事情时出现以下几种情况，你该怎么办？请写下来，与同学们共享。

1. 好朋友叫你出去玩。

2. 旁边的同学与你讲话。

3. 看动画片的时间到了。

第二节　坚持，不半途而废

读一读

学棋的启示

两个孩子一块儿听老师讲下棋的知识，两个孩子都很聪明，但是听讲情况大不相同。一个专心致志，只听老师讲解，任何事情也干扰不了他；而另一个心里总想着有大雁从天空飞过，想着用箭把它射下来烤肉吃。结果，前一个孩子学得非常出色，后一个学得稀里糊涂。同样是聪明的孩子，为什么出现两种结果？是意志品质不同。前一个孩子目标明确，自觉性强，自制力强，能够坚持到底。

从“小的克制”入手

苏联科学家巴甫洛夫，以工作精确、细致著称。他写字十分工整，像印刷出来的一样。原来在年轻时，他就是把工工整整地书写作为自己磨炼意志的开端的。

我国体育名将周晓兰，在球场上吃得苦、忍得痛，意志坚强，与她小时候在小事上的磨炼分不开。上小学时，她常因看电影耽误功课。在父亲的帮助下，她从克制看电影做起，功课做不完，把电影票退掉，再好的电影也不去看。经过一段时间的磨砺，她战胜了自己，养成了很强的自制力。

著名物理学家李政道博士年轻时没有静心读书的环境，他就在人声鼎沸的茶馆里找一个角落读书。开始，嘈杂的人声使他头昏目眩，但他强迫自己把思想集中在物理知识上。经过磨炼，再乱的环境也不能把他的注意力从书本上拉开了。

正如文学家高尔基所说：“哪怕对自己一点小的克制，都会使人变得强而有力。”

想一想

1. 为什么两个孩子同时学棋，一个学好了，另一个却学得不好？在学习中你更像其中的哪一位？

2. “千里之行，始于足下。”你如何理解这句名言呢？我们应该如何培养自己“克制”的本领呢？

做一做

根据下面的提示在自己日常的学习与生活中试一试。

我们都还年幼，所以定力不足，做事情一旦遇到困难，很容易就放弃了。

可是，胜利的曙光其实就出现在遇到困难的时候，只是我们还没有发现而已。做任何事情，如果半途而废，不能坚持，结果定是失败的。因此，我们应该做到以下几点。

1. 下定决心，坚决执行计划，避免内外因素的干扰。
2. 正视困难，并勇敢地克服困难，加大自我管理的力度。
3. 做事避免“虎头蛇尾”，要不断地鼓励自己坚持到底。尤其是在最困难的时候，一定要坚持下去。

比一比

下面是明明同学列举的自己在学习与生活方面的表现。请把你自己的做法写出来，与他比一比谁做得更棒。

1. 我确定做一件事就一定会把它完成。
2. 我为学习、做事能坚持到底而获得过父母和老师的表扬。
3. 我遇到困难不会轻易放弃，会找同学、老师、父母来帮忙。
4. 我平时在家里坚持帮助父母做一些力所能及的家务活。
5. 我能坚持独立完成作业。

好孩子

我是好孩子，
起床叠被子，
穿衣扣扣子，
穿鞋系带子，
扫地擦桌子，
洗脸照镜子，
梳头戴帽子，
干净的好孩子。

第三节　带着责任感做事

主动承担责任

我国加入世界贸易组织（WTO）以后，首席谈判代表龙永图在《实话实说》栏目讲述了一个令人感慨的事情。他到瑞士访问的时候，在一个洗手间里，他听到隔壁小间里一直有一种奇特的响动。由于这响动时间过长，而且也过于奇特，因此引起了他的好奇。于是，他通过小门的缝隙向里探望。这一看使他惊叹不已。原来，小间里只有一个七八岁的小男孩正在修理马桶的冲刷机构。一问才知道，是这个小男孩上完厕所以后，因为冲刷设备出了问题，他没有把脏东西冲下去，因此他就一个人蹲在那里千方百计地想修复那个冲刷设备。而他的父母、老师当时并不在他的身边。这件事令龙永图非常感慨，一个只有七八岁的小男孩，竟然能够如此勇于主动承担责任。可以说，这种承担责任的精神已经渗透到了他的每一个细胞、每一根神经，已经完全成了一种习惯。

半壶水

在波涛汹涌的大海上，一艘轮船不幸失事。大副带着幸存的9名水手跳上了救生艇，在海面上漫无目标地漂流。10天过去了，大家依然看不到一丝获救的希望。大副守护着仅存的半壶水，不许那9个人碰它一下——有水就有活下去的希冀，没有了水，大家就再也难以撑下去了。大副是救生艇上唯一带枪的人，他用枪口对着那9个随时都有可能疯狂地冲上来抢水的水手，任凭他们对着自己咒骂咆哮。

在这9个人当中，最凶悍的是一个秃顶的家伙。他把双眼眯成一道缝，威胁地盯看大副，用他那沙哑的破嗓子奚落他道："你为什么还不认输，你无法坚持下去了！"说着，他猛地蹿上来，伸手去抢壶。大副毫不客气地用枪对准了他的胸膛。秃顶叹一口气，乖乖地坐下了。

为了保护这半壶维系着生命希冀的淡水，大副已是两天两夜没有合眼了。他告诉自己一定要挺住，否则，秃顶他们会用鲁莽的举动亲手把所有落难者推进死亡的深渊。然而，干渴和困倦折磨得他再也撑不下去了，他握枪的手一点点软下去，软下去……惶急中，他居然把枪塞给了离他最近的秃顶，断断续续地说："请你……接替我！"然后就脸朝下跌进了船舱。

十多个小时过去了，黎明时分，大副醒了过来，他听到一个沙哑的声音说："来，喝口水！"

——是秃顶!

秃顶一只手拿着淡水壶，另一只手稳稳地握住枪对着其余8个越发疯狂的水手。看到大副满脸疑惑，秃顶略显局促地说："你说过，让我接替你，对吗？"

一轮朝日终于送来了一艘救援的船。

想一想

1. 读第一个故事，如果是你遇到了这样的事，会像男孩一样去修冲刷设备吗？小男孩的行为告诉我们些什么？

2. 读了第二个故事，你对"责任感"是否有了更为深刻的认识？为什么？

写一写

富有责任感就是说我们要对生活中所做的每一件事认真负责，出现问题要勇于承担责任。学会负责不但能让我们把事情做得更好，还能帮助我们独立起来，快速成长。

要培养责任感，就要对自己的行为结果负责。第一，明白该做些什么，要怎样做，否则将会受到哪些惩罚；第二，对自己的责任心引以为荣；第三，学会提醒自己该做什么，并对自己的事情负责；第四，对某些行为造成的不良后果，要自己设法补救。

1. 和爸爸妈妈聊聊天，看看自己这个年龄，应该承担哪些家庭责任和社会责任。

2. 在班里是班干部的同学，说一说自己应该承担什么责任；不是班干部的同学，说一说自己又该承担什么责任。

请试着做一做，并把你的思考与感受写出来，在组内交流。

第四节　少买零食，远离垃圾食品

大号的我

美国公映了纪录片《大号的我》。在这部纪录片中，美国人摩根 • 斯普尔洛克以自己的身体做了一个实验：连续 30 天，他三餐只吃麦当劳的食物，只喝麦当劳的饮料，让大家亲眼见证吃麦当劳给自己的身体带来的变化。终于，他以自己恐怖的体形和极其糟糕的各项数据，勇敢地捅破了人们一直不愿意捅破的窗户纸——快餐食品 = 垃圾食品 = 慢性自杀。

请不要给这个孩子零食吃

银屏上的高仓健形象高大健壮，但他在幼年时却出人意料地瘦弱，“简直就像动物园里囚着的小动物”。生长在战乱年代的他，童年的记忆更多的是与疾病、饥饿或者战争相关的。20 世纪 30 年代的日本笼罩在战争所带来的物资匮乏的阴影当中，这个在偏远的北九州岛的孩子当然也受到饥饿的侵袭，他像个小猫似的随便吃别人给他的零食，还为此常常吃坏了肚子，闹到生病住院的地步。迫于无奈，他的母亲只能在他的胸前挂上一块牌子，上面写着几个醒目的大字：“请不要给这个孩子零食吃！”高仓健日后回忆起这段往事时，还幽默地说，这就像是动物园笼子前常见的告示。

想一想

1. 如果你每天只吃肯德基或者麦当劳等食物，只喝那里的饮料，会出现什么情况呢？

2. 母亲为什么在高仓健的胸前挂了那样的牌子？

做一做

不少同学有吃零食、偏食、挑食和饮食不规律的习惯，一日三餐不能定时定量，甚至以零食代替正常饮食，久而久之，有的形体肥胖，有的还得了肠胃疾病。

其实，偶尔吃一些零食还是可以的。但若无节制地摄取零食，势必使肠胃得不到充分休息，消化液的分泌减少，引起肠胃功能失调。同时，吃太多零食，吃正餐时食欲会大受影响，必将阻碍我们的正常生长发育。此外，吃零食必用手，有时会因手不干净而感染疾病，如急性肠胃炎、肠虫症等等。更重要的是，很多零食是垃圾食品，高热量、低营养，含有许多不利于健康的物质，而且可能很不卫生。这对我们身体非常有害。

除了影响身体健康外，多吃零食还会在金钱上给父母造成一定的负担，不利于合理科学消费习惯的培养。

少买零食，远离垃圾食品要从自身做起。请完成以下任务。

1. 过几天素食主义者的生活。

2. 记录自己一周所吃零食的种类、时间和费用，并对费用做一个汇总。

3. 统计一下你眼中的垃圾食品种类。

4. 周末把所有的零食放在家里最显眼的地方，控制自己不吃。

“告别零食”拍手歌

你拍一，我拍一，告别零食健康兮。
你拍二，我拍二，三餐吃饱肚不饿。
你拍三，我拍三，讲究卫生人夸赞。
你拍四，我拍四，不吃零食不出事。
你拍五，我拍五，养好身体才魁梧。
你拍六，我拍六，校园绿化嘴不溜。
你拍七，我拍七，爱吃零食人自欺。
你拍八，我拍八，爸爸妈妈笑哈哈。
你拍九，我拍九，看谁不吃挺得久。
你拍十，我拍十，身体健康是事实。

第五节　坚持锻炼身体

读一读

我的锻炼

体育课的各项达标内容都是我的弱点，因此，爸爸决定每天晚上带我出来锻炼。爸爸给我安排的锻炼项目有：慢跑、跳台阶、压腿、跳高……

一开始，我认为很简单，后来我才发现这些项目不但不容易完成，而且非常累。我开始厌倦了，赖在家里不愿出去了。爸爸对我说："我这么做也是为了你好，我想让你的体育达标啊！"我说："但是我很累，坚特不下来啊！""那就锻炼 15 分钟休息 5 分钟。"从此，我和爸爸便成了公园里的常客。公园外经常可以见到我和爸爸在公园里锻炼的身影……

上个星期五体育课上，老师说要测仰卧起坐，我一听慌了：糟糕，暑假还没练仰卧起坐呢，唉，又要很差了。没想到测出来的结果却是从上学期的 32 个变成了现在的 44 个，真是出乎我的意料。

我回去把这结果告诉了爸爸。爸爸说："好样的。这全靠暑假里的运动。"我听了，鼻子一酸，感慨万千：要不是爸爸坚持让我锻炼，我怎么会有今天的好成绩呢？

吴图南的故事

武术大师吴图南幼时体弱多病，曾得过肺结核、黄疸肝炎，还因癫痫抽风，致使右腿比左腿短约两厘米。家里人都以为他活不成了。9 岁时，幸遇清朝太医李学裕为他诊治。李太医说："你这病光吃药不容易好，最好要配合习武练功。"于是他拜名家为师，学习武艺。练了一年多，他脸色红润，身体也逐渐结实起来了。经过十多年的刻苦磨炼，他学会了太极拳和刀、枪、剑、棍等各种技艺。后来的他，身体健康，精力充沛，以优异成绩毕业于当时的京师大学堂。

进入晚年，吴图南每天早晚坚持练太极拳。每次都练得很认真，还请别人将其每个动作都拍了片，多达 400 多张，他自己从透视片上看每个姿势，遇有不符之处，便逐一校正动作，使运动更为有益于生理活动。

由于坚持练拳，吴图南在百岁之龄，仍然健康如昔，精力充沛，记忆力不减。他晚年仍坚持从事武术史和太极拳的研究，出版多种著作，并在"国际太极拳表演观摩会"上，以其炉火纯青的拳术，荣获一枚金光闪闪的奖牌。

📖 说一说

你从上面的两个故事中得到了怎样的启示？

📖 记一记

如何养成锻炼身体的好习惯

1. 全面锻炼。人体是一个完整的统一体，各部分组织、器官、系统之间相互联系，相互影响。只有坚持全面锻炼，才能促进身体的全面发展。

2. 循序渐进。体育锻炼必须遵循循序渐进的原则，否则不但不能获得良好的锻炼效果，而且还有损健康，甚至造成身体损伤。

3. 经常锻炼。人的发展和体质的增强，是一个不断适应、积累和逐步提高的漫长过程。

比一比

下面是小雨同学对自己参加体育锻炼的评价。

1. 我有一个体育锻炼时间表。
2. 我习惯于每天利用零碎时间进行体育锻炼。
3. 我总是认真做好课间操上好体育棵。
4. 课间十分钟，我一定到教室外放松一下。
5. 每天晚饭后，我都出去散步。
6. 双休日或节假日，我喜欢和父母一起去郊外走走，或者去野餐。
7. 我家里有一些体育锻炼器材，比如乒乓球拍、小哑铃等，可以随时拿起动两下。
8. 我总是积极参加学校或街道、小区里举办的体育活动。

请你也把自己参加体育锻炼的项目列举出来，跟他比一比谁更棒。

第四章　四年级学习习惯

第一节　提前预习，带着问题听课

📖 读一读

提前预习，心中有数

张磊和安小娟是北京市一所小学四年级的同班同学。

张磊的数学成绩好，而英语成绩不大好；安小娟恰好相反，她英语成绩好，数学成绩不好。

班里召开学习经验交流会，张磊和安小娟都被选为代表，介绍他们各自的学习经验。

张磊说：“我的学习经验其实也没什么，无非就是提前看看书。”

老师说：“请你说具体点，你是如何提前看书的？”

张磊说：“每个周末，做完老师布置的家庭作业后，我都会用一个小时左右的时间，浏览数学课本后面没有讲过的内容。”

有的同学按捺不住地问：“后面的内容老师没有讲过，你看得懂吗？”

张磊说：“不懂就对了！其实许多问题是似懂非懂。每次，我都把不懂的问题提前勾画出来，这样，下周听老师讲课时，我就心中有数了。当老师讲到那些我不懂的问题时，我就特别细心地听。”

安小娟似有所悟，会心地笑了。原来她的英语学习经验与张磊的学习经验不谋而合，她说：“我学习英语的方法，与张磊学习数学的方法有相似的地方。我也是每周末把下周要讲的英语课文和练习提前看一遍，把不熟悉的单词查出来，把陌生的课文提前大声读两遍。如果哪个地方发音不太准确，就标个符号。”

老师总结他们共同的经验就是：提前预习，心中有数。

不带课本的孩子

有一个孩子，上课总是不带课本，只听老师讲课，考试成绩却比认真做课堂笔记的同学要好得多。老师和同学们觉得非常奇怪。

有一次，老师到这个孩子家里去家访，这才发现了其中的秘密。原来，这个孩子从小就喜欢看姐姐的课本，在不知不觉中，他不仅学习了许多知识，而且养成了提前预习的习惯。

他上学后，不像其他同学那样一边看课本一边听老师讲课，还得把老师讲课的内容都记下来，而是抬头认真地听老师讲课；同时，他的脑海中浮现出自己已经学过的内容，与老师所讲的内容加以融合，这样一堂课听下来，老师讲的内容他就基本掌握了。回家再看一下课本，内容就完全掌握了，所以他每次考试成绩都很好。

议一议

1. 张磊如果把这个方法用到英语学习上去，会取得进步吗？安小娟在学习数学中是不是也应该采取这种方法呢？你觉得他们的方法对你有用吗？为什么？

2. 第二个故事中孩子用预习的方法取得了很好的成绩，你认为他的方法适合其他同学吗？他的学习方法有什么地方可以借鉴呢？

做一做

上新课之前，一定要抽出时间做好课前预习，把自己不明白的内容做上记号或铭记在心，听课时就可以针对自己的疑问有重点地听老师讲解。如果不做好预习，上新课时往往会心中无数，影响学习效果。

怎样做好课前预习呢？读：要逐字逐词逐句地读，不能一目十行。一定要注重理解，边读边思考，边读边画出重点，画出不懂的地方。记：边读边写，写出自己的体会。补：预习时发现学过的知识点有不明白的地方，一定要在课前搞清楚。做：预习后要试做一些习题，这样可以检验你预习的效果。

试着做一做。

1. 找出自己最弱的科目，挤出时间往前赶，在老师讲课之前，先自己学一遍。

2. 预习时主要解决下面几个问题：弄清楚下一课要讲什么；背诵要求背诵的内容；自己思考一下课后练习题；补习以前学过而自己没有掌握好的内容，为听课扫清障碍。

3. 坚持一个月，体验一下学习效果如何。

第二节　集中注意力认真学习

读一读

鲁迅刻苦学习

鲁迅从小学习成绩就很好。少年时，他在江南水师学堂读书，为表扬他的优异成绩，学校颁给他一枚金质奖章。他得到奖章后却拿到南京鼓楼街头卖掉了，然后用这些钱买回了几本书和一串红辣椒。

每当晚上寒冷难耐时，他便摘下一个辣椒放在嘴里嚼着，直到辣得额头冒汗。他就用这种办法驱除寒冷，坚持读书，刻苦学习，后来终于成为我国著名的文学家。

老师的方法

记得有一天上午第一节课，我在教室上语文课，正津津有味地引导同学们理解课文内容。我发现有位同学不但自己没有听课，还找同桌讲悄悄话。我心想，要是停下来不讲课，批评他，会打断我上课的思路，影响这一节课的教学效果。不批评他吧，他根本没听课，而且还影响了别人。这时，我想出了一个办法，拿起粉笔，一边讲课，一边在黑板上写上“批评 XXX”。那位同学看见后，立刻停止了说话，并表露出非常内疚的样子。

我继续讲课，只见那位同学拿着课本认真地学了起来。过了十分钟左右，我看他表现不错，就拿起一只红色的粉笔把“批评”改成了“表扬”。那位同学抬起头来，我给了他一个赞许的微笑，他也会心地笑了笑。剩下的时间他都在很认真地听课。快下课时我把这件事告诉了同学们，并说以后在课堂上都将采用这种方法。

从此，同学们课堂上的纪律好了很多，偶尔有同学违反纪律，但只要他的名字一出现在黑板上，也都能立即改正。同学们上课时的注意力集中了，成绩也有了很大的提高。

“五到”听课法

1. 心到。心到即专心，注意力要高度集中。有的同学不能全神贯注听课的原因有二：一是根本听不懂。有的是前边学的基础太差，跟不上进度；有的是预习不认真。前一种情况应该及时补课并加强预习；后一种情况主要是加强预习。二是自制力差，易受内部、外部干扰而走神，应在锻炼意志品质、提高自控能力上下工夫。

2. 眼到。眼到即眼看。看教材、看教具、看老师的板书、看老师的演示，也可以看优秀同学的反应。要仔细看老师的板书，必要时还要记下来。课堂上应当注意同学在黑板上的解题过程，看看其解题步骤、方法、结果是否和自己相同以及有何优点和缺点。

3. 耳到。耳到即耳听。认真听老师的讲授，听老师怎样提出问题，怎样分析推理，怎样做结论，听同学的提问，听大家的讨论，听同学的不同见解等。认真听讲是听课中的重中之重，做到聚精会神地听是实现高效课堂学习的重要环节，任何一种高效学习都是借助听来实现的。

4. 口到。口到即口说。复述老师讲的重点，背诵一下重要的概念，朗诵老师指定的段落，大胆提问，积极回答老师的提问。课堂上同学们要敢于问，敢于发表自己的见解，敢于暴露自己的问题。

5. 手到。手到即手写。是说在听课时记笔记。记老师讲课的重点，记有价值的板书。

"五到"听课法要求小学生全神贯注地学习，灵活地根据课堂情境和老师要求，适时调整听课方法，是效率最高的听课方法之一。

📖 说一说

1. 鲁迅刻苦学习的故事对你有哪些启示？

2. 在课堂上，你是怎样在老师的引导下认真听讲的？

📖 试一试

同学们，你一定读过"少壮不努力，老大徒伤悲""黑发不知勤学早，白首方悔读书迟"这些千古名句吧！这些名句都说明了：我们从小就要努力学习。有的同学说："我已经很努力了，每天都把大部分时间用来学习，可是为什么还是考不到理想的成绩呢？"对于这些同学，你们要思考以下几个问题：我是否认真学习了呢？在计算时的正确率是多少呢？我在读书时理解内容了吗？

我们可以留心观察一下成绩优秀的同学，看他们是怎么学习的。通过比较，我们会发现学习态度和学习习惯对学习效率是有很大影响的。要想提高成绩，我们必须端正学习态度并养成良好的学习习惯。

要养成认真学习的习惯，需做到以下几点。

1. 思想上重视学习。即养成集中精力、一心向学的习惯。

2. 在一定时间内同步或超前完成老师布置的作业，即定时定量学习的习惯。

3. 养成提前预习和质疑的习惯。

4. 养成留心观察，有意拓宽自己知识面的习惯。试着将这些认真学习的好习惯运用到自己的平日学习中去。

写一写

在学习过程中，注意力是打开我们心灵的门户，而且是唯一的门户。注意力不集中，就不可能将足够的学习信息吸收入大脑。注意力的集中与否决定了进入大脑的学习内容的多少，我们要想提高学习成绩，首先要提高注意力集中的水平。良好的注意力会提高我们工作与学习的效率。

如何集中注意力?

1. 加强认识，明白课堂上集中精力的重要性。

2. 养成良好的睡眠习惯，学会自我减压。

3. 学会排除干扰，不受外界影响。

在日常的学习中，你是怎样提高自己的注意力的？请写下来，在小组内进行交流。

第三节　提出问题，善于发言

读一读

一生追求知识

毛泽东常说，学问，就是讲的又“学”又“问”。我们做学问时，不但要好学，还要好问。毛泽东在学生时代就非常善于提问。每逢外省的名流或学者到长沙讲学，他就去拜访求教。在毛泽东成为中国的领导人之后，仍然保持着这种好问的学风。他遇到不懂的问题后，不是读一些通俗的小册子，就是请教专家，或者查工具书，他一生都在无止境地追求着知识。

差距

据报载，杨振宁曾作过这样的对比：中国留学生在美国学习时，学习成绩往往比美国的学生好得多，然而 10 年以后，科研成果却比人家少得多。何以造成这样的差距？杨振宁认为主要是因为美国学生思维活跃，善于提出问题；中国教育只注重解答问题，却不注重鼓励学生提出问题，独立思考。所以，杨振宁向中国科技大学少年班指出的第一条成功法则就是质疑。学贵有疑，实施素质教育要重视培养质疑问难的能力。

学问

北宋有个大科学家，名叫沈括。他小时候读白居易的诗《大林寺桃花》：“人间四月芳菲尽，山寺桃花始盛开。”他想：为什么同是桃花，开花的时间相差这么远呢？他去问妈妈，妈妈说：“兴许是花开花落，有早有迟吧。”妈妈的回答没能解开沈括的疑团，他仍然把这个问题放在心上。有一次，他随大人到深山的寺庙里去，发现那里的温度要比山下低得多，才明白了其中的道理。

愤怒的教授

电视节目主持人杨澜讲过一个她亲身经历的故事：教授从兜里掏出一张一美元的钞票，高高举起，涨红了脸大声说：“谁能提出一个问题，任何问题，就奖励他一美元。”

教授是美国人，在北京外国语大学任教。他讲的是历史与宗教。他讲完了，问大家有什么问题，谁也不吱声。他请求大家提问，不然的话他无法知道大家听懂了多少。但还是没人举手，教授有点儿不耐烦了，不，应该说，他愤怒了。他认为这是中国学生对他的不尊重。

“没有哪一种学问是提不出问题的，难道我讲的每一句话都无懈可击吗？是你们压根儿没听进去还是愚不可及？”他的另一只拳头敲打着桌面。

课堂的气氛紧张起来，学生们吓坏了。我们从幼儿园开始就被训练着双手背后，认真听讲。长大后开始记笔记，谁记得全，背得好，考试就能拿高分。提问的通常是老师。是的，中国的学生在十几年严格的教育中学会了如何对付老师的提问，可自己不习惯提问，更不被许可反问，那样是有悖于师生之道的，所以，在美国教授晃动的一美元下，我们不知所措。

📖 议一议

1. 你是不是经常和别人讨论得面红耳赤呢？我们该怎样和别人讨论问题呢？

2. 是什么导致中国留学生前后差距如此之大？该怎样做才能缩小差距呢？

3. 光是一味地学习、一味地停留在“我知道了”的程度，是不会有创新和突破的，要学会刨根问底才行。学问学问，既要学又要问。想一想自己在学习和生活中对普通的常识有没有疑问呢？今后又该怎么办呢？

做一做

对于自己解决不了的事情，要善于和别人讨论，从而获得解决的方法。同时放宽思路，不断汲取别人思想中的精华，为自己所用。

试着做一做。

1. 找出一个不容易理解的问题和同学们一起研究探讨。

2. 组织一场家庭辩论会。

3. 就一个大家感兴趣的话题，和好朋友进行讨论。

4. 和同学一起去科技馆参观。

5. 找一个常见的事物，探究它的由来。

第四节　善于提问

读一读

最出色的学生

哲学家维特根斯坦在剑桥大学学习时，曾是大哲学家穆尔的学生。

在穆尔授课期间，维特根斯坦是最令他头疼的学生。维特根斯坦总有问不完的问题，一个接一个，没完没了。

一堂哲学课常常会被维特根斯坦的种种疑问搞成了维特根斯坦提出疑问、穆尔解答的答辩课。甚至在休息时间，维特根斯坦也穷追不舍，亦步亦趋地紧跟着老师穆尔。在剑桥大学，维特根斯坦是一个有名的“问题篓子”。

有一天，穆尔的朋友、哲学家罗素登门和穆尔闲聊，他问穆尔：“谁是你最出色的学生？”

穆尔毫不犹豫地回答说：“维特根斯坦。”

罗素问：“为什么呢？”

“因为在我所有的学生中，只有维特根斯坦老是有学术上的疑问。”穆尔回答说。

十几年过去后，维特根斯坦在哲学界的名气不仅远远超过了自己的导师穆尔，而且也超过了大哲学家罗素，声名鼎沸，如日中天。

这时，穆尔拜访罗素问：“知道我们和维特根斯坦比较起来，我们为什么落伍了吗？”

罗素听了，静静地想了一会儿，回答说：“因为我们提不出问题了，而维特根斯坦却还有一大堆的疑问。”

老天爷的眼睛

王戎，字浚冲，琅玡临沂人。小的时候，他就是一个机智、聪颖、善于提问、喜欢思考的孩子。

王戎的机灵、聪明源于他的勤学好问。只要是没有见过的东西，或是不明白的事情，他总是缠着大人，刨根问底，不问出个结果决不罢休。

王戎 5 岁那年夏天的一个晚上，天气十分炎热，王戎和爷爷奶奶一起坐在自家小院里乘凉。王戎仰头望着天空的星星，没有一丝睡意。突然，王戎打断了奶奶的歌声，认真地向奶奶问道：“奶奶，您说，天上的星星是老天爷的眼睛吗？”“是啊！”奶奶回答。“人都是长着两只眼睛的，老天爷干吗要长那么多的眼睛？”他接着问道，“人要长两只眼睛，才能什么都看得清，可老天爷站得那么高，比人高多了，应该只长一只眼睛就够了呀？”

终于，奶奶被问得无话可说了。但她却为小王戎身上具有那股“打破砂锅问到底”的韧劲儿感到格外高兴。

说一说

1. 提问也有学问，想一想为什么哲学家维特根斯坦总会有问不完的问题呢？

2. 你比小王戎年长，比他懂得多，相信不懂的会比他更多，那么你有敢于发问、刨根问底的精神吗？举一个例子说一说。

试一试

我们在学习中难免会遇到不懂的问题。有的同学只是询问解决问题的单一方法，而忽略了融会贯通、联系探索的重要性。提问时大胆设想、大胆联系会让我们发现自己不懂的潜在问题。

试着做一做。

1. 试着找找两种不同事物的内在联系。

2. 看看能不能把父母和自己的名字编到同一首

诗里。

3. 试着对学过的知识举一反三。

📖 记一记

名言警句

1. 不学不成，不问不知。——王充

2. 君子之学必好问，问与学，相辅而行者也。非学，无以致疑；非问，无以广识。——刘开

3. 善问者，如攻坚木，先其易者，后其节目。——《礼记·学记》

4. 好问则裕，自用则小。——《尚书·仲虺之诰》

5. 敏而好学，不耻下问。——《论语·公冶长》

6. 读书好问，一问不得，不妨再问。——郑燮

7. 有教养的头脑的第一个标志就是善于提问。——普列汉诺夫

第五节　在适合的环境中学习

📖 读一读

在大自然中学习

福井谦一是日本化学家，获 1981 年诺贝尔化学奖。他说过："我喜欢让自己投入大自然的怀抱之中。儿时的回忆，几乎都是那些直接与大自然接触得来的体验，这些体验让我认识了大自然，学到很多书本上学不到的知识。我切身体验到大自然那无比的深奥、美丽和玄妙。大自然不仅把我引向了化学王国，也是我探求化学理论时不可缺少的老师。正是由于在少年时代亲近大自然，被大自然所吸引，我才走上了科学研究之路。当自然科学成为我终生的事业的时候，我进一步感受到大自然那令人无比敬畏的存在。"

躲在庙里读书

古人很会选择读书的环境。

宋朝有个人叫胡瑗，是范仲淹的好朋友，他和范仲淹一样，年轻的时候都躲在庙

里读书。北宋时学校还不普及，所以唐朝、北宋时的读书人流行跑到庙里读书，为什么呢？

庙里的书多，相当于现在的图书馆，那时候活字印刷术还没普及，都是雕版印刷的，成本很高，所以民间藏书很少；庙里的书比较齐，所以家境贫寒的书生只能到庙里才能读到书，要么就自己用手抄；庙里往往有高人可以请教；庙里的环境好，受到的干扰少。

胡瑗很了不起，20 岁的时候跑到泰山上一个庙里去了。胡瑗在这个庙里待了整整 10 年，心无旁骛，钻研学问，和外界唯一的联系就是父亲的来信。但胡瑗只要看到信封上有“平安”两个字，就不拆开看，直接扔到山涧里去。为什么不拆信呢？就是怕分心。

说一说

1. 福井谦一为什么选择在大自然中学习？大自然对于福井谦一后来成为诺贝尔化学奖的得主有什么意义？你平时选择在哪里学习？你觉得学习的环境对你影响大吗？

2. 如果你的学习环境让你不满意，你应该怎么创造适合自己的学习环境呢？

记一记

学习环境对于学习者是非常重要的。不适合自己的环境会让自己心烦意乱，不能静下心来学习。因此，我们要主动选择适合自己的学习环境。

第一，注意在适合的环境中做适当的事，不要影响别人。

第二，经常出入图书馆，在学习氛围浓郁的地方学习。

第三，和父母协商，为自己营造良好的学习气氛。

做一做

1. 亲身体验一下在学校还是在家学习效率更高。

2. 阅读古今中外名人的学习故事，看看他们都是在怎样的环境中成才的。

第六节　参加有益的课外活动

善于调节自己

厦门一中的石益莹同学，坚持在下晚自习后到运动场跑一圈，跑下来就是 400 米。除了下雨等恶劣天气，她每天基本能坚持下来。

在她看来，长跑不仅仅是锻炼身体，也可以调节学习紧张的大脑，培养耐性。

平时，她也并不是那种成天埋头于书堆的女孩。晚上放学了，会回到宿舍听听歌，放松自己。有时间，还喜欢看看小说。

裘苑的故事

裘苑很小的时候，喜欢用花花绿绿的蜡笔在白纸上涂涂画画。她从小学二年级就上少年宫的美术班学绘画了。裘苑有个优点——勤快。老师布置画两幅画，她会画上二三十幅，然后从中挑选出最满意的两幅交给老师。由于勤快，练的机会多，画画自然进步很快。不到一年，她的美术作品就得了奖，在报纸上登了出来。

夏天，女同学都爱穿裙子。裘苑发现，穿裙子的女同学也有犯愁的时候。学校有规定，上体育课女生不能穿裙子。所以每当上体育课前，女同学就一起涌进卫生间，你推我拥地脱下裙子，换上裤子，真麻烦！

当时，裘苑课余时间正在参加市青少年创造发明学校的学习，指导老师讲了许多有关创造发明的知识和方法。其中，裘苑对老师讲到的“多功能”“多组合”的知识特别感兴趣。裘苑暗暗地想：裙子能不能搞个“多功能”的呢？想个办法，使裙子既是裙子，又不是裙子。平时是一条裙子，上体育课时，只要把裙子朝上翻起，再在两边装上拉链，一拉就成了西式短裤了。

裘苑在纸上画了一个样子。妈妈为她扯来几尺涤棉布，裘苑画画、想想、剪剪、裁裁，经过好一番折腾，终于用双手缝制出了一套组合式裙服。这是一套可随意变换裙裤的服装。它的下半段如同西式短裤，上半段放下后就成了一条罩在短裤外的裙子；当裙子朝上翻起，拉上裙子左右两侧的两条拉链，并把两肩处的带子打成蝴蝶结时，就变成一件美观的上衣，与下半段露出来的西式短裤相配套，成为漂亮的少女裙服。

裘苑穿着这套新颖的裙服去上课了，女同学都向她投来羡慕的目光。有几个女同学把裘苑的组合裙服借去做样子，没几天，班里的女同学都穿上了这种新潮裙服。

想一想

1. 你是怎样利用自己的业余时间的？你喜欢参加课外活动吗？你觉得参加课外活动对自己有哪些好处？

2. 裘苑为什么能发明既实用又漂亮的少女裙服呢？这与她参加课外活动有什么关系？

做一做

课外活动是课堂教学之外，我们可以自由参与的活动。多参加有益的课外活动，好处多多。

参加课外活动不仅能加深和巩固我们在课堂上学到的知识，而且可以使我们获得新的知识，从而使我们在课堂上的学习效率得到大大提升。课外活动还可以丰富和活跃我们的精神生活，有益于我们的身心健康。课外活动可以增强我们的社会交往能力。课外活动可以使我们学会利用闲暇时间。

我们可以根据自己的兴趣、爱好、特长以及需要，自由地组织、选择和参与自己喜欢的课外活动。这样不仅能发挥我们的积极性和主动性，而且能使我们的才能、个性得到充分发展，有利于我们优良个性和品质的培养。同时，我们必须处理好课外活动和正常学习之间的关系。在时间和精力的分配上，要以正常的学习活动为主，课外活动为辅，充分发挥课外活动的辅助作用。

试着做一做。

1. 找一张纸，写出自己的兴趣爱好。

2. 每天抽时间参加一项自己喜欢的课外活动。

3. 与同学交流一下彼此参加过的课外活动，谈谈课外活动中大家感兴趣的东西。

第五章　四年级行为习惯

第一节　自觉遵守公共秩序

看一看

小王在电影院看电影时不断地吃零食，还将包装袋丢得到处都是。当电影进入高潮时，小王开始手舞足蹈，而且还大呼小叫的。周围的人提醒他应该注意一下，而小王却说：我自己看得激动了，高兴一下有什么不对的？哪条法律说我不能这样做啊？

做一个好孩子、好公民

星期日的下午，我和伙伴们一起在社区的小公园里打球。我们玩得正高兴时，忽然从不远处传来阵阵恶臭，我们很纳闷：在这么美丽洁净的小公园里，怎么会有这样的气味呢？我们几个人都觉得挺难闻的，于是决定不玩了，各自回家。

在回家的路上，我看见一位老人和一个小女孩，女孩拿着扫把和垃圾桶在清理小公园里的垃圾。我忍不住走了过去，才发现恶臭是从这堆垃圾中传出来的。想想我也是这堆垃圾的“制造者”，脸上立刻烧了起来。记得不知从什么时候起，人们都嫌垃圾箱远，不愿意多走几步，于是就把垃圾随便丢在公园附近。我也跟其他人一样顺手把垃圾往那里一扔就走人了，根本没想过有一天自己也成了污染环境的一分子。看着老人和小女孩吃力地清理着垃圾，我更觉得无地自容了。我马上跑过去清理起来，老人和小女孩都笑了，原来他们是住在附近的张爷爷和他的小孙女。

我们一起清理完垃圾之后，我提议在这里立块告示牌，告诉人们不要乱扔垃圾，要保护我们美丽的小公园。张爷爷用赞许的目光看着我，拍拍我的头说：“小朋友，你真是个好孩子，你一定会是个好公民。”我的脸更红了，不好意思地对张爷爷说：“张爷爷，其实我以前也在这里扔过垃圾。不过我以后绝对不再乱扔垃圾了，而且我还要保护这里的卫生不被破坏，真正做个好孩子、好公民。”张爷爷笑了，我也笑了。

就这样，我们做了“保护环境卫生”的小牌，而且还经常带头清理小公园的垃圾。

功夫不负有心人，不到一个星期，小公园附近乱扔垃圾的现象不见了。

说一说

1. 小王的做法对吗？你会对他说些什么？
2. 怎样才能做一个好孩子、好公民？

做一做

我们应该怎么自觉维护公共秩序？

1. 以遵守公共秩序为荣。
2. 自觉遵守公共秩序，做文明小顾客、文明小乘客、文明小观众、文明小游客。
3. 见到同学有不遵守公共秩序的行为能批评、劝阻。

第二节　我爱做家务

看一看

下图中的同学做了哪些家务活？

📖 读一读

嘉玲的故事

嘉玲的妈妈说："孩子一放假，我就对她说：'玲玲啊，你看爸爸妈妈上班这样辛苦，你能帮爸爸妈妈做点家务活吗？'她很爽快就答应了，并且开始学习扫地，饭后收拾碗筷和擦桌子这些简单劳动。后来我们还鼓励她学会像洗自己简单的衣物、收拾自己的物品、帮我们拿一些东西这些力所能及的家务。嘉玲刚一开始很不习惯帮妈妈做家务。主要是她不会做，让她扫地，把垃圾弄得到处都是，越扫越乱。但是我们还是鼓励她慢慢来，教会她怎样正确地扫地。孩子的培养是多方面的，不仅仅要求她学习成绩好，还要各方面进步，特别是学会自理，学会帮助他人。我还选择一件孩子从未做过的事情，让她独立去完成。比如，去银行存钱，去商场买东西等。在初次做这些事时，她会害怕担心，但我们没有责备，而是耐心地将完成这件事情的程序告诉孩子。"

"这个暑假觉得自己过得很不一样，我学会了整理自己的床铺，学会了洗碗、扫地、帮妈妈收拾房间，还可以自己去银行存钱，突然就觉得自己长大了。这是我过得最有意思的一个假期了。"嘉玲说，"下一个假期我还要学习做简单的饭菜给爸爸妈妈吃呢。”

看了嘉玲的假期生活，感觉怎么样？我们也利用休闲时间做些力所能及的家务活，你觉得怎么做才更好？

做一做

在美国，家庭教育是以培养孩子富有开拓精神、能够成为一个自食其力的人为出发点的。父母从孩子很小的时候就让他们懂得劳动的价值，让他们自己动手修理、装配摩托车，参加社会劳动。

在日本，当孩子很小时，家长就给他们灌输一种“不要给别人添麻烦”的思想，并在日常生活中特别注意培养孩子的自理能力和自强精神。当家人外出旅行时，不论多么小的孩子，都无一例外地背着一个背包。如果要问原因，父母会说：“这是他们自己的东西，应该自己背。”上学以后，许多学生还要在课余时间参加社会劳动。

他们这样做，不仅是为了培养孩子的劳动能力，更多的是为了培养孩子的社会义务感。

下面是教给你如何做一个勤快的好孩子的方法，不妨试一试。

我的家务劳动计划

班级：　　　　　　　　姓名：

时间	我要做什么	家长的评价
星期一		
星期二		
星期三		
星期四		
星期五		
星期六		
星期日		

1. 培养做事情的主动性和独立性。

2. 多参加劳动，特别是服务性劳动和公益性劳动。

3. 学会独立承担一些家务劳动。

第三节　遵守交通规则

读一读

放学路上

小明、小朋和小东是三个小球迷，一天放学后，他们一边走一边谈论着世界杯足球赛的精彩场面。谈着谈着，他们就学着球星的样子手舞足蹈起来。小东是学校足球队的队员，每天带着球上学。这时候，他忍不住把球拿出来比试。不料“砰”的一脚，球被踢到了马路中间。小东这下可急了，不顾一切地奔到了马路中间去捡球。正巧，一辆汽车过来，小东倒在了血泊之中……由于抢救及时，小东总算脱离了危险，但是左腿却被截去了一半，小东变成了残疾人。

苹苹的教训

那是去年秋天的一个傍晚，苹苹和妈妈在外吃过饭后一起回家，中途正好经过爸爸的单位——交警大队。与她们同行的班主任刘老师逗她说："我们到你爸爸的办公室坐一下吧。"苹苹说："好呀，我正想去看看爸爸呢。"于是，不管三七二十一，苹苹抬腿就横穿马路向对面交警大队的门口跑去。刚跑到路中间，一辆大卡车急速驶来，并向她冲过来。这时刹车已经来不及了，情形十分危急，妈妈和路旁的人都吓得惊叫起来。苹苹也感到面临的危险了，她不顾一切地往对面跑。在最短的时间里，苹苹终于跑到了路边。与此同时，汽车几乎是擦着她的身体呼啸而过。哇，好险呀！她紧张得大脑一片空白。

妈妈走过来，涨红着脸，气冲冲地对她吼道："你怎么乱跑，万一被撞了怎么办？"苹苹低着头跟在妈妈后面，眼泪掉了下来。妈妈从来没有这样狠狠地批评过自已。苹苹知道自己错了，一路上一句话也不说。

回到家，妈妈耐心地对苹苹说："每个行人都不能横穿马路。如果你突然跑动，不按信号灯走路，司机又来不及刹车，就很有可能被车撞到，那样妈妈会很伤心的！"爸爸也接着说："是呀，妈妈说得对，我们交警队每年处理的这类交通事故数不胜数！记住，往后不要慌慌张张横穿马路了。"

苹苹深深地点了点头，她牢牢记住了：我们从小要遵守交通规则。

📖 说一说

同学们，在平时的生活中，你是不是也有过类似的惊险经历呢？在那之后，你又是怎样做的呢？我们玩耍时，头脑中应该有怎样的安全意识？

📖 做一做

我们从小要认真地学习交通法规，丰富自己的交通知识，把学到的知识运用到平时的生活中，自觉地遵守交通规则。

1. 在路上不喧哗，不乱扔杂物，不打闹。

2. 过马路要走人行横道线，并看人行横道信号灯，看看左右车辆，红灯停，绿灯行。

3.12 岁以下孩子不得骑自行车上街。骑自行车时不要到机动车道内。

4. 坐公共汽车先下后上，要排队，不推推攘攘。乘坐汽车时，不要把头和胳膊伸出车外。

5. 下雨天，撑伞时不要遮挡住视线。

📖 诵一诵

交通安全歌

交通安全很重要，条条规则别忘了。
从小养成好习惯，文明行为都说好。
行路应走人行道，没有行道往右靠。
斑马线条真清楚，横穿马路少不了。
一慢二看三通过，莫与车辆去抢道。
骑车更要守规则，不能心急往前跑。
转弯拐角要减慢，注意四面别说笑。
乘车安全应注意，遵守上下车秩序。
手头别伸车窗外，扶住坐好要记牢。

第四节　爱护公共财物

📖 读一读

课桌

吉林省的浑江铁路小学，学校不大，只有 80 张课桌。稀奇的是这 80 张课桌是在新中国成立那一年做的，已经用了几十年了，不但没有损坏，没有脏，反而和新的差不多。为什么能保护得这么好呢?

原来，每学期开学，校长就对同学们讲：爱课桌、爱公物，就是热爱祖国；班主任老师也讲：爱课桌、爱公物，要像保护自己的眼睛一样！浑江铁路小学的同学们都知道爱护课桌的方法：不摇不敲打、不用刀刻、不用笔画、不用脚踩，更没有人跨上去玩。夏天上课，有的同学汗水滴在桌面上，就马上用小手帕擦掉。

新学年开始，毕业班的大哥哥和大姐姐要亲自向新入学的小弟弟和小妹妹转交课桌，并且教给他们爱护课桌的方法。就这样，用课桌的同学换了一批又一批，而这些课桌却完好无损地传了下来。

校长的愿望

“为什么现在的中小学生用了公共物品不知道归位？主要原因是他们对公共财物没有责任心。”中关村国际学校的鄂学文校长说。有的学生丢了几千元的手机都不在乎，因为在他们眼里，这些东西来得很容易。对什么东西都无所谓，用过的东西不知道归还，损坏的东西不知道赔偿，造成了他们没有“归位”“归还”的意识。

鄂学文校长回忆，在他上学时，班里的一个篮球全班同学都当宝贝，而如今有的学生打完篮球就不管了，把球丢在操场上扬长而去。乒乓球练完了，球掉在地上没人捡，学生踩碎了也不知道赔偿。学校图书馆里的书被乱放，有的书被人为地损坏，好看的图片被学生用刀片挖掉。

他认为“公共财产要珍惜”“尊重他人的劳动”这些过去他上学时大力提倡的道德教育如今更应该大力弘扬。

🕮 议一议

1. 你从故事中学到了什么？
2. 你是怎样爱护学校的公共物品的？
3. 我们应该怎样对待学校的公共财物呢？

🕮 记一记

爱护公物

爱护公物，从我做起，挪动桌椅，小心翼翼；
爱护公物，从我做起，开门关窗，轻手轻脚；
爱护公物，从我做起，花草树木，切勿攀折；
爱护公物，从小事做起，不要在雪白的墙壁上蹬踏留痕；
爱护公物，从小事做起，不要让扶手护栏身首异处；
爱护公物，从身边做起，随手关灯，节约每一度电；
爱护公物，从身边做起，拧紧水龙头，节约每一滴水；
爱护公物，从身边做起，捡起地上的纸屑，保持环境卫生。

🕮 做一做

学校是我们共同的家园，我们作为这个大家庭的成员，有责任珍惜和爱护公共物品。有些同学用了公物不知道放回原位，随处乱放，甚至忘记归还。这样，一方面容易造成公共物品的丢失；另一方面，还影响自己和其他同学的继续使用。既不利于我们的正常学习，也损害了我们自身的形象。

那么我们该怎样做呢？

第一，按学校规定有序取用学校物品，使用时要学会珍惜，不能用完后就不管不顾，要对自己使用过的物品负责到底，直到归还。

第二，同学之间相互鼓励、监督，看谁做得好，养成爱护学校公共物品的好习惯。

第五节　学会尊重与协调

读一读

周恩来的故事

周恩来对别人为自己的哪怕是微小的劳动，都非常尊重。

服务员给他端茶或送东西，他不是放下手里的工作站起来双手接过去，就是微笑着朝服务员点点头表示感谢。

周恩来外出视察工作，每当要离开一个地方的时候，总是亲自和服务员、警卫员、厨师和医护人员等一一握手，亲切地对大家说："辛苦了，谢谢，再见。"并和他们一起合影留念。

尊重就像回音墙
你说：我尊重你。
他说：我尊重你。
你说：我恨你。
他就说：我恨你。
你说：你这废物！
他还是说：你这废物！

拉锯

日本一家有名的企业，在招聘员工时，要进行一场特殊的考试：他们把报考的人带到一个农场，把他们任意分组，每两人一组，给他们一把铁锯，然后让两个人把一根圆木锯成两段。

开始时，每个组都一样，两个陌生的人总是不合拍，不是一个人太快，就是另一个人太慢，铁锯常常夹在木头中，进展很慢。过了一会儿，情况发生了变化。有的组，两个人还是不能互相配合，快慢不当，又着急赶速度，越急越互相埋怨，累得满头大汗，仍锯得很慢。有的组，两个人能很快磨合好，互相配合，掌握好规律，让锯在木头中以最快的速度来回运作，不一会儿，就把木头锯开了。

这些较快把木头锯开的人，优先被录取。

想一想

1. 周恩来的故事说明了什么？

2. 孤军奋战、单枪匹马的作战方式已被现代社会所淘汰。要想成就大事，必须依靠众人之力。想一想自己是不是总能和别人配合得很默契？为什么？

议一议

我们平时在与同学相处时应该做到哪几点？

友情提示：与同学相处时要注意文明，多用文明用语，如“谢谢、请、对不起”等。与同学发生矛盾时尽量要控制自己的情绪，学会忍耐。学会换位思考，多从对方角度思考问题。心胸要开阔，学会包容，学会宽恕。遇事不斤斤计较，要尽量把大事化小，小事化了。

记一记

尊重是一朵花，一朵开在心间的花；

尊重是一条路，一条通往美好的路；

尊重是一团火，一团温暖你我的火。

尊重是一缕春风，一泓清泉，一颗给人温暖的舒心丸，一剂催人奋进的强心针。

自尊的人懂得尊重他人，不尊重他人的人不可能赢得他人的尊重。所以，我们应该人人彼此尊重，相互接纳，共同在自尊的快乐中成长。

第六章　四年级生活习惯

第一节　树立自信确定目标

📖 读一读

我很重要

第二次世界大战后受经济危机的影响，日本失业人数陡增，工厂效益也很不景气。一家濒临倒闭的食品公司为了起死回生，决定裁员 1/3。有三种人名列其中：一种是清洁工，一种是司机，一种是无任何技术的仓管人员，这三种人加起来有 30 多名。

经理找他们谈话，说明裁员的意图。清洁工说："我们很重要，如果没有我们打扫卫生，没有清洁优美、健康有序的工作环境，你们怎么会全身心地投入工作？"司机说："我们很重要，这么多产品没有司机怎能迅速销往市场？"仓管人员说："我们很重要，战争刚刚过去，许多人挣扎在饥饿线上，如果没有我们，产品岂不被流浪街头的乞丐偷光？"经理觉得他们说的话都很有道理，权衡再三决定不裁员，重新制定了管理策略。

最后经理让人在厂门口悬挂了一块大匾，上面写着："我很重要！"每天当职工来上班时，第一眼看到的是"我很重要"四个字。这句话调动了全体职工的积极性，几年后公司迅速崛起，成为日本有名的公司之一。

凭智慧战胜对手

1984 年，在东京国际马拉松邀请赛中，名不见经传的日本选手山田本一出人意料地夺得了世界冠军。当记者问他凭什么取得如此惊人的成绩时，他说了这么一句话：凭智慧战胜对手。

两年后，意大利国际马拉松邀请赛在意大利北部城市米兰举行，山田本一代表日本参加比赛。这一次，他又获得了世界冠军。记者又请他谈经验，回答的仍是上次那句话：用智慧战胜对手。

10年后，这个谜终于被解开了。他在他的自传中是这么说的："每次比赛之前，我都要乘车把比赛的线路仔细地看一遍，并把沿途比较醒目的标志画下来，比如第一个标志是银行，第二个标志是一棵大树，第三个标志是一座红房子，这样一直画到赛程的终点。比赛开始后，我就以百米的速度奋力地向第一个目标冲去。等到达第一个目标后，我又以同样的速度向第二个目标冲去。40多公里的赛程，就被我分解成这么几个小目标轻松地跑完了。起初，我并不懂这样的道理，我把我的目标定在40多公里外终点线上的那面旗帜上，结果我跑到十几公里时就疲惫不堪了，我被前面那段遥远的路程给吓倒了。"

说一说

1. 你能从第一个故事中学到什么？"我很重要"这四个字在你身上是怎样体现出来的？

2. 你获得成功的秘密是什么？有没有像第二个故事中的那位长跑运动员一样确定短期的小目标呢？

议一议

在学习和各项活动中，无数的困难把学生分成了两大类：一类学生迎难而上，另一类学生知难而退。第一类人有可能在最后获得成功，也有可能失败，但是有机会成功。而第二类人却会100%失败，因为他们什么都还没有做，就被困难给吓倒了。多在心里默念"我能行"，就会自信，就有可能成功。

体验成功能让你充满自信，我们可以把大目标分成若干个小目标，这样会更容易实现，同时不会被遥远的目标吓倒，而中途放弃。我们会在体验一个个小目标实现的喜悦中，轻松自信地实现人生的终极目标。

1. 我们应该如何树立自信心？

2. 我们应该如何确立正确的目标？

记一记

自信名言

1. 天生我材必有用。——李白

2. 信心是命运的主宰。——海伦•凯勒

3. 自信是成功的第一秘诀。——爱默生

4. 自信是向成功迈出的第一步。——爱因斯坦

5. 我们应该有恒心，尤其要有自信心。——居里夫人

第二节　注意用眼、用脑卫生

读一读

“小眼镜”的烦恼

宋风是个电视迷，在家一有时间，就打开电视，躺在沙发上美滋滋地“享受”。吃饭时也一定要盯着电视。看得投入的时候，不知不觉离电视机越来越近，整个人都快趴到电视机上去了。

上学期开学初，坐在第一排的她看黑板上的板书觉得模模糊糊的，她开始怀疑自己是不是近视了。由于怕爸爸妈妈责怪，她不敢把这件事告诉他们。过了一段时间，她发现看周围的景物越来越模糊了，迫不得已，只好把这些情况告诉了爸爸妈妈。爸爸妈妈带她到医院检查，医生告诉她，她已经近视了，只能用戴眼镜的办法来矫正视力。

自从与眼镜交上朋友后，她吃尽了苦头。运动时怕碰到眼镜，一出汗眼镜就往下滑；吃饭时怕雾气腾腾；睡觉前还得在摆满杂物的床头柜上找出块安全地方放眼镜。而且，原本漂漂亮亮的她，一摘下眼镜就跟换了个人似的，眼睛无神，眼圈浮肿，鼻梁上有两个醒目的红印……

有张有弛的名人们

马克思每天工作十几个小时，从事着繁重复杂的研究工作，常常黎明前才开始睡觉。然而，只要条件允许，他就不放弃星期天的娱乐活动。在伦敦居住时，每逢星期天，他就和亲属、朋友步行一个半小时，到郊外去游玩。他在那里谈论政治问题、赛跑、角斗。有时，也用演算数学的办法，改变大脑的活动方式；或者跟孩子们叠“罗汉”，借此达到解除疲劳的目的。

爱因斯坦爱好十分广泛，拉小提琴、弹钢琴、唱歌。有时还去划船、骑自行车、旅行。直到 70 岁高龄时，还坚持利用业余时间做操或散步。

巴甫洛夫在业余时间里，喜欢读小说、集邮、绘画、种花、划船、游泳、骑自行车。他活了 87 岁。

法拉第笃信“一个丑角进城，胜过一打医生”的谚语，因此，一有机会就去看马戏，参观动物园。

议一议

1. 眼睛是我们的好帮手，眼镜也是我们的“帮手”。想一想我们该对眼镜说些什么？又该对眼睛说些什么呢？

2. 大脑越用越灵，但也要学会让大脑休息。想一想，怎样才是用脑有度呢？

大脑是我们进行思维活动的最精密的器官，可以说是身体中最为重要的部分。人们常说，养生先健脑。要防止脑功能衰退，最好的办法是勤于用脑。当然要注意用脑卫生，不然也会影响到我们的学习和生活。

眼睛是心灵的窗户。有了它，我们才能看到、感受和认识色彩斑斓的世界。可是，由于不注意用眼卫生，很多小学生早早就不得不让眼镜成为自己的生活必需品，是很可惜的。我们要从小注意用眼卫生，保护好眼睛。

下面是佳佳同学的做法。你和他比一比，看谁更优秀。

1. 我尽量做到不长时间用眼。

2. 在连续长时间用眼后，我会远眺或者闭目放松休息。

3. 我不在走路、乘车时看书。

4. 我不在强光下看书写字。

5. 我很少玩电子游戏。

6. 我看电视时总注意保持适当距离。

7. 我能做到不长时间看手机。

8. 我能做到不长时间使用电脑。

9. 我学习一段时间后总是休息一段时间。

唱一唱

护眼歌

你拍一，我拍一，用眼卫生要注意；
你拍二，我拍二，眼保健操好伙伴；
你拍三，我拍三，劳逸结合记心间；
你拍四，我拍四，端正姿势来写字；
你拍五，我拍五，坐车走路不看书；
你拍六，我拍六，课间休息扭一扭；
你拍七，我拍七，不要躺着来学习；
你拍八，我拍八，视力定期要检查；

你拍九，我拍九，锻炼身体要持久；
你拍十，我拍十，良好习惯要保持。

第三节　诚实做人，诚信待人

读一读

一位农民工，在某市的一家公司负责销售工作。他热情善待每一位客户，在短短的时间里，就创下了非常优秀的销售业绩，为公司带来了巨大的利润。

不幸的是半年后，公司被无情的市场竞争给淘汰了。公司老板只好裁减员工以减少开支。这位农民工也不幸成了 20 多名被裁员工中的一员。在结算工资那天，老板给每个员工发放了各自应得的工资。这位农民工几次清点自己的工资时都发现老板多发了 5 元钱。这 5 元钱怎么处理呢?

他想起了母亲的告诫:“无论在哪里工作，都要做个诚实上进的人。”于是这位农民工找到老板，将多得的 5 元钱还了回去。老板将钱拿在手里，说:“你是公司 20 多个离职员工中，唯一送回不该得的 5 元钱的一个诚实员工。公司以后生意好转的话，我会再联络你回来上班的。”

一年以后，农民工果然接到了老板打来的电话，说公司的生意又好了，现在正需要他这样的诚实员工。于是，这位农民工又开始了他的白领生活。

诚实可以改变人的命运，让我们做一个诚实的人。

议一议

怎样才能诚实做人?

友情提示:要想成为一个令人敬佩的诚实之人，我们应做到这几点:诚实，不说谎;有错就改;答应别人的事要努力做到;以身作则，持之以恒;从小事做起，从现在做起，以诚实规范自己的言行。

读一读

一天深夜，一位绅士走在回家的路上，被一个蓬头垢面、衣衫褴褛的小男孩儿拦住了。“先生，请您买一包火柴吧。”小男孩儿说。“我不买。”绅士回答。绅士躲开男孩儿继续走。“先生，请您买一包吧，我今天还什么东西也没有吃呢。”小男孩儿追上来说。绅士看到躲不开男孩儿，便说:“可是我没有零钱呀。”“先生，你先买上火柴，我去给你换零钱。”说完男孩儿拿着绅士给的一个英镑快步跑走了。可绅士等了很久，男孩儿仍然没有回来，绅士无奈地回家了。

第二天，绅士正在自己的办公室工作时，仆人说有一个男孩儿要见绅士。于是男孩儿被叫了进来。这个男孩儿比昨晚卖火柴的男孩儿矮了一些，穿得更破烂。“先生，对不起，我的哥哥让我给您把零钱送来。”“你的哥哥呢？”绅士问道。“我的哥哥在换完零钱回去找你的路上，被马车撞成重伤了，在家躺着呢。”绅士深深地被小男孩儿的诚信所感动。“走！我们去看你的哥哥！”

去了男孩儿的家一看，家里只有祖母在照顾受重伤的男孩儿。一见绅士，男孩连忙说:“对不起，我没有按时把零钱给您送回去，失信了！”绅士被男孩的诚信打动了。当他了解到两个男孩儿的亲生父母已双亡时，毅然决定把他们生活所需要的一切费用都承担了下来。

📖 写一写

上面这个故事让人感动。在男孩受重伤的情况下，依然让弟弟把钱还给绅士，这种诚信和美德不但征服了这位绅士，也深深感动了我们。

怎样才能成为一个说话算数的好少年呢？请认真思考，写一段文字，表明自己的观点，也可用具体的事例来论证你的看法。

做一个说话算数的人

1. 在答应别人的事之前认真想一想自己是否有能力帮别人做到。

2. 凡是自己已经答应的事情，就要努力去做。

3. 借了别人的东西要按期归还。

第四节　今日事，今日毕

📖 读一读

今日事，今日毕

画家齐白石 90 岁的时候，仍然坚持每天画 5 张画。一天，他过生日，客人到他家玩得很晚才走。等大家都走了，齐白石又拿出笔墨作画。家里人都劝他明天再画，他说：“今日事，今日毕。明天还有明天的事呢。”

打铁的故事

幼小的宗一郎头脑聪明，对什么事情都要提出个为什么。

有一次，他见到父亲把三块烧红的铁坯放在铁砧上，不停地轮番敲打。父亲打铁技艺精湛，锻打的声音有板有眼。宗一郎好奇地问道:“爸爸，你为什么要三块铁一起打？不如一块一块去打，就不紧张了，也不会这么累呀。”父亲回头看了他一下，温和地告诉他说:“这几块铁坯形状小，可以放在一起打，能够一起打的铁，就不要分开去打。一块一块去打，铁就凉了，不好打了。这样节省时间又多出活。你会记住，做工作要多动脑筋，能够集中干完的就不要分开去干，这样可以节省时间。当天的活要当天干完，每天都有新的工作。”

父亲打铁的启发，深深地印刻在宗一郎的脑海里，像一颗种子埋进了肥沃的土地中。直到后来他创办本田技术研究工业总公司，宗一郎一直把高效、高速的理念贯彻始终，并作为本田公司的传统，一代一代传下去。

📖 说一说

同学们从这两个故事中懂得了什么？

📖 比一比

今日事，今日毕，不仅可以加快办事速度，而且可以使人享受到完成任务的喜悦。精力往往在成功之中更新，在拖延之中衰竭。我们要提高时间的利用率，必须缩小时间计算的单位，用分计算时间比用小时计算时间，效率要高得多。

因此，我们做每件事情，都要给自己一个时间限制，明确何时起、何时毕。

时间管理最重要的守则就是珍惜今天，当日事，当日毕。每一天都要这样告诉自己，同时也要这样认真地去做。哪些事情不做，就明确地表达不做；哪些事情要做，就要全力以赴去做。

下面是四年级（2）班乐乐同学对自己的评价。跟他比一比，你一定能做得比他更好。

1. 我每天睡觉前都会进行反思，看是否完成了当天应该完成的事情。
2. 放学回家我习惯先做好家庭作业再玩耍。
3. 答应别人的事情，我总会在约定的时间内及时做到。
4. 如果是自己做不到的事情，我绝不会答应别人去做。
5. 我会定时检查自己的计划和安排，及时做出改进。

诵一诵

今日诗

今日复今日，今日何其少！

今日又不为，此事何其了？

人生百年几今日，今日不为真可惜！若言姑待明朝至，明朝还有明朝事。为君聊赋今日诗，努力请从今日始！

第五节　礼貌待人

读一读

张良拜师

张良是西汉高祖刘邦的军师。在秦灭韩后，张良立志为韩国报仇。有一次，他因刺杀秦始皇未遂，受到追捕而避居到下邳。

有一天，张良在桥上散步时，碰到一个老人。那老人穿着粗布短衣，在走到张良旁边时，故意把鞋子掉到桥下，然后，回过头冲张良说："孩子，下去帮我把鞋子捡上来！"张良听了一愣，但一看是个老人，心想帮帮他吧，就到桥下把鞋子捡了上来。当张良把那鞋子递给老人时，老人又说："把鞋子给我穿上！"张良一想，既然已经给他捡来了，穿上就穿上吧，于是就跪在地上给老人穿上。等张良给他穿好鞋后，老人笑嘻嘻地走了。张良一直用惊奇的目光注视着他离去。那老人走了一段路后，又折回身来，对张良说："你这个孩子是能培养成才的。五天后的早上，到这里来同我会面。"张良跪下来说："是。"

第五天天刚亮，张良就到了桥上。不料老人已经等在那里了，见了张良生气地说："和老人约会，你怎么能迟到呢？五天后的早上再来吧！"说完就走了。到第五天早上，鸡一叫，张良就赶去了，可是老人又等在那里了，见了张良又生气地说："怎么又掉在我后面了？过五天后再来吧！"说完又走了。又到了第五天，张良半夜就来到了桥上，等了好久，那老人才来。老人说："这样才对。"然后他拿出一本书，对张良说："认真研读这本书，会对你有帮助的！10年后，天下形势有变，你就会发现它的用处了。13年后，你会在济北郡谷城山下看到一块黄石——那就是我了。"老人说完就走了。

老人走后，张良拿出那本书一看，原来是《太公兵法》。张良十分喜欢，拿回去反复地学习、研究。

10年后，陈胜等人起兵反秦，张良也聚集众人响应。沛公刘邦率领几千人马占领了下邳西面的大部分地区。张良投奔了他，并根据《太公兵法》屡次向沛公献计献策，后来张良慢慢成了刘邦运筹帷幄、决胜千里的军师。刘邦称帝后，他被封为留侯。

张良始终不忘给他《太公兵法》的老人。13年后，他随刘邦经过济北时，果然在谷城山下看见一块黄石，命人将它取回，称之为“黄石公”，并作为珍宝供奉起来，按时祭祀。张良死后，家人把他和这块黄石葬在了一起。

这是一个动人的传说，张良拜师，第三次才成功。如果是你，你有这样的恒心吗？为什么？为什么老人会对张良说：你这个孩子是能培养成才的？

记一记

简单地说，礼仪就是律己、敬人的一种行为规范，是表现对他人尊重和理解的过程。文明礼仪，不仅是个人综合素质的体现，也是社会公德的体现，更是一个城市或国家国民综合素质的体现。作为具有五千年文明史的“礼仪之邦”，讲文明、有礼仪，也是弘扬民族文化、展示民族精神的重要途径。

我们正处于人生中最关键的成长时期，我们的所作所为将潜移默化地影响着我们的心理素质。文明的行为能帮助我们提高自身的心理素质，同时也完善着我们的道德品质。我们不仅要拥有丰富的科学文化知识，还要注重自身道德品质的培养。

我们首先应该做一个堂堂正正的讲文明、有礼貌的人，要成为一个身心和谐发展的人。讲文明、有礼貌是提高我们素质的前提，拥有文明和礼貌，我们就拥有了世界上最为宝贵的精神财富。

做一做

文明礼仪从你我做起

1. 不说粗话，不打架斗殴，不随地吐痰，不乱扔垃圾。

2. 团结友爱，互相尊重。

3. 说话态度要诚恳谦虚，语调要平和；交谈中要注意场合，力求语言文雅；不要轻易打断别人的讲话。

4. 借用别人的东西要及时归还。

5. 乐于帮助他人。

第七章　五年级学习习惯

第一节　增加交流，加强合作

📖 读一读

哥本哈根学派

在玻尔领导下，哥本哈根学派一度成为世界物理中心。1922 年 6 月，玻尔到哥廷根大学讲学，引起了海森堡和泡利的兴趣。同年在玻尔的邀请下，泡利来到了哥本哈根，在玻尔的指导下研究反常塞曼效应。1924 年海森堡也来到哥本哈根参加了玻尔的研究集体，同克拉走斯一起运用玻尔的对应原理来研究色散问题。海森堡沿此方向深入探讨，采用矩阵方法表示了玻尔的对应原理，这就是矩阵力学的开端，而后他又提出了著名的“海森堡测不准原理”。受海森堡的启发，狄拉克创造了他自己的量子力学形式。从此哥本哈根成了量子力学的中心。在这个研究集体里，玻尔以极高的热情关怀周围的年轻人，他平等待人，不摆架子，不拘形式。因此，思想深刻的海森堡、聪明活泼的泡利、严谨求实的狄拉克、故做懒散的朗道等都能安处一室。没有这些人的互相切磋、配合，从而显示出强大的集体效应，量子力学也许还不能如此迅速地蓬勃发展。

合作学习实验

美国华盛顿大学心理学的教授们做了一个实验。他们从学生中选择一些成绩差的和成绩好的同学，两人分成一组，座位也在一起，同时学习同样的课程，并告诉学生“最后成绩以两人的平均分数计算”，而其他同学则不分组。实验后发现，不分组的学生中成绩拿到 A 的 20 人，B 的 85 人，C 的 40 人，D 和 E 的 18 人；而分组的学生中成绩得到 A 的 36 人，B 的 148 人，C 的 20 人，D 和 E 则完全没有。实际上强弱搭配，对好学生来说，他们会有自豪感，在做“小老师”的时候，需要深入研究知识，从而使自己对知识的掌握更加清楚；而对于差的学生，能够及时得到帮助，可以避免问题积累，从而使学习成绩不断得到提高。

1. 哥本哈根学派的集体效应对你有什么启发？

2. 你们班有没有这样的合作方式？你是怎样参与合作学习的？

做一做

萧伯纳说："倘若你有一个苹果，我也有一个苹果，而我们彼此交换这些苹果，那么你和我仍然是各有一个苹果。但是，倘若你有一种思想，我也有一种思想，而我们彼此交换这些思想，那么，我们每人将有两种思想。"

增加交流，和他人分享信息，不仅是科学利用和管理信息的重要方面，也是合作学习的必然要求之一。

卡耐基说："一个人事业上的成功只有 15% 基于他的专业知识，85% 要靠人际关系即与人相处、与人合作的品德、能力。"多交流、多和他人分享信息，不仅能帮助我们在较短的时间内获得更丰富的信息资源。同样，在增进信息共享的过程中，还能增强情感的交流。

试着做一做，完成以下任务。

1. 成立一个合作学习小组。

2. 以小组合作的方式完成一项小课题研究。

第二节　记好各种笔记

一份菜单

俄国大作家果戈理每到一处，总不会忘记带上宝贝——一个小笔记本。他把所听到的奇闻怪事，看到的风土人情，甚至连读过的警句和看书后的心得，都毫无例外地记在小笔记本里。

有一次，他请一位朋友上饭馆吃饭，直到服务员把饭菜全部摆上来了，他还在一动不动地埋头往小本子里写些什么。他的朋友见了觉得十分奇怪，便好奇地问道："你饭不吃，在本子上写些什么呀，这么重要？"

"哦，你不知道，真是太奇妙了，这份菜单对我太有用处了！"果戈理异常兴奋，像寻觅到什么宝贝似的，不能自已。

可别小看果戈理抄在笔记本里的这份菜单，后来他在短篇小说集《狄康卡近乡夜话》里，就用上了它。里面许多有关乌克兰的风俗习惯、民间传说、民歌谚语等，也都是从他那本笔记本里得来的。

杰克•伦敦的“笨办法”

美国作家杰克•伦敦出生于农民家庭，曾做过童工，当过水手，淘过金。他后来成为职业作家，在16年的文学活动中，写下了19部长篇小说，150多篇短篇小说和3个剧本。他描写淘金生活的短篇小说《热爱生命》脍炙人口，享誉世界。

杰克•伦敦没有受过正规的教育，他创作的素材主要靠丰富的生活阅历，他深厚的文学功底全是靠自修得来。文化底子很薄的杰克•伦敦为了掌握大量的词汇，常常把词典和书里的词句抄在小纸片上，然后把这些纸片挂在窗帘上、衣架上、柜橱上，甚至塞在镜子缝里，以便在刮脸、穿衣、睡觉前后都能随时看一看，记一记。有时还把纸片装到衣袋里，在拜访亲友或散步时也抽空念一念。他不断地记诵，终于掌握了大量词汇，为后来的创作储备了丰富的“营养”。

试一试

1. 果戈理一生中最伟大的“嗜好”就是爱记笔记，他的方法对我们来说是否适用？尝试一下。还有哪些名人有类似的嗜好？上网搜一搜。

2. 我们能不能尝试运用杰克•伦敦的“笨办法”，把从书上看到的精彩词语随手抄下来，记在本子上，建立自己的词语手册，经常翻看，甚至背诵下来？行动起来吧，同学们！

做一做

“好记性不如烂笔头”，对任何知识和信息的整理，如果没有动笔，是不太可能形成我们学习的有效资源的。

现阶段我们可以尝试做的几种笔记主要是：课堂笔记、改错笔记、读书笔记、随手笔记。

完成下列任务。

1. 读课外书时，准备好笔记本和笔，可以批注，可以摘抄优美的词句。

2. 坚持每读完一本书都写一篇读后感。

3. 外出时，及时把所见、所闻、所感记录下来。

将自己做笔记的方法写出来与同学们交流。

第三节　反思与复习

📖 读一读

三只蜥蜴

森林里，住着三只蜥蜴。

一只蜥蜴看到自己的身体和周围的环境大不相同，便对另外两只蜥蜴说：“我们住在这里实在太不安全了，要想办法改变环境才可以。”说完，这只蜥蜴便开始大兴土木起来。

另一只蜥蜴看了说：“这样太麻烦了，环境有时不是我们能改变的，不如我们另外找一个地方生活。”说完，它便拎起包袱走了。

第三只蜥蜴，也看了看四周，问道：“为什么一定要改变环境来适应我们，为什么不改变自己来适应环境呢？”说完，它便借着阳光和阴影，慢慢改变自己的肤色。不一会儿，它就渐渐在树干上隐没了。

“四问五字”

教育家陶行知在重庆创办育才学校的时候，要求全校的学生养成每天反省的习惯。用他的话来说，就是做到每天四问。第一问：你的身体有没有进步？第二问：你的学问有没有进步？第三问：你的工作有没有进步？第四问：你的道德有没有进步？在这当中，应该做到五个字，第一个字是“一”，专一的“一”；第二个字是“集”，收集的“集”；第三个字是“钻”，钻研的“钻”；第四个字是“剖”，解剖的“剖”；第五个字是“韧”，坚韧的“韧”。

陶行知归纳的“四问五字”，就是我们每天反思的内容与方法。

“五个一”复习法

学习一周，就应该有一个阶段性总结复习，因为，一周是学习的一个小阶段。在周末，有必要对这一周的学习内容进行总结和复习，这样可以加深对重点和难点的理解，提高记忆效率，巩固所学知识。

1. 温习一遍教材。按照一定的顺序，将一周所学的主要内容温习一遍，结合课本上的思考练习题，分析一下教材讲了什么，应重点掌握哪些内容，哪些自己已经了解了，哪些尚需进一步掌握。

2. 对照一次笔记。对照课堂笔记，看看老师在一周中重点讲了什么内容，与自己的理解有何差异，哪些地方记住了，哪些地方遗忘或忽视了。这样，可以进一步把握重点，理解难点，加深记忆。

3. 检查一遍作业。把一周的作业看一遍，查一查哪些练习题是基础训练，哪些是能力训练题；查一查哪些练习题与教材的重点、难点有关；查一查哪些做对了，哪些做错了，原因如何。

4. 记录一些材料。通过前面的环节，已明确了重点、难点、做错的题目和原因、尚需巩固的知识等。这时，就要用一个专门的本子记录下来，从而为以后的阶段复习、期中或期末复习做好准备。

5. 总结一下方法。周末复习知识之后，还要认真总结一下自己一周来在各个环节和各个主要科目上的学习方法。对成功的方法，下周继续坚持；对不成功的地方，以后想办法逐步改进。

说一说

1. 三只蜥蜴都对环境和生存问题进行了思考，不同的思路会导致不同的行为和结果。你认为，哪一只蜥蜴更具备反思的能力？说说理由。

2. “四问五字”中有哪四问、哪五字？对你有何启示？

3. “五个一”复习法对你的学习有什么启示？

科学利用和管理信息，必须要学会反思。人类的每一次进步，都得益于对过去的反思。

我们对于某一种现象，从不同的角度、不同的前提、不同的方法来进行思考，这样整理出来的信息才可能是全面而真实的。

试着做一做。

1. 做一次“废物利用”的实验。

2. 制定日复习、周复习、月复习、期中复习、期末复习计划。

3. 将自己的反思记录下来。

第四节　整理错题

读一读

把碎片变成“钻石”

在伊朗德黑兰的皇宫里，你可以欣赏到世界上最漂亮的马赛克建筑。那儿的天花板和墙壁就像由一颗颗璀璨的钻石镶嵌而成。走近细看，你会惊讶地发现，所有流光溢彩的“钻石”都是普通镜子的碎片。当初，设计者打算镶嵌在墙上的，不是这些小小的镜子的碎片，而是一面面硕大的镜子。当镜子运抵工地时，却被打破了。设计师突发灵感，命令工人将所有镜子敲成小小的碎片，将碎片镶嵌到墙壁和天花板上。碎片就变成了“钻石”。

编写《错题集》

准备一个专用的本子，不论是平时作业，还是考试卷子，老师阅后发回来，都要把其中的错题挑出来，在这个本子上“登记备案”。

1. 把错题原原本本的抄下来，把错误的地方用红笔画出来。

2. 在错题下面，按正确的做法再做一遍。

3. 分析错误的原因，并用红笔把错误的类型醒目地标出：是属于概念理解错了，还是没有弄清题意；到底是分析、推理上的错误，还是计算上的错误……

每一道错题登记时都要经过这样三道工序。当《错题集》里的错题积累到较多的时候，就应该把自己错误的原因进行归类整理，从而归纳出自己在作业和考试中应注意的一些问题。

利用错题集的方法

每周小结：首先将每天记录下来的错题浏览一遍，一边看题目一边在脑子里快速地想出这个题目的解法；想出来了就往下看，实在想不出的，看看自己写的错误提示；如果还想不出，就要看看下面的解法，并且再练习一遍，必要的再补充解题提示；浏览后，在“以后保证不会出错”的题目前打个红色的“x”，在“不太确定以后还会不会不出错”的题目前打个“？”，在“对错误还没有完全搞清楚”的题目前打一个 T。

每月总结：首先把每周总结出来的“？”级题目彻底“消灭”。自己实在搞不懂，可以去问同学或者老师。而对“!”级的题目再抄录下来，如果一点新发现都没有，就把它升级为“☆”级。如果觉得可以“消灭"了,就把它降为“？”级,下一个月总结时，争取把它“消灭”。

学期总结：通常在期末考试前15天完成。首先把每月总结中的“☆”级题目整理出来，不惜一切代价坚决予以“消灭”。然后再把星期小结和月总结中“？”级和“！”级的题目，都从头思考一遍，想想当时自己是如何“消灭”它的，从中找出大约15%~20%的好题用笔再做一遍。最后把一学期总结的成果抄录到另一个“错题精华本”上。每学期一个“精华本”，内部按学科进行分类。

想一想

1. 错，不一定是坏事；错，有可能孕育成功。想一想我们怎样才能把学习中的错误变成“钻石”呢?

2. 好好利用错题本，你也能做到。和小伙伴们一起坚持，看看哪种方法对你更有帮助。

做一做

对于我们学生来说，整理错题本身不是目的，目的是在这过程中学会反思，学会总结经验教训，让错误变成宝贵的学习资源。

并不是所有的错题都需要整理，通常需要整理的内容有两类：一是平时作业中确实不会而做错的题目；二是考试中不是由于粗心而造成的所有错误。

整理错题集实际上是让我们学会如何利用错误，无论是小结还是总结，都是我们不断超越错误的过程，其中当然包含了我们对错误的反思。

请试着做一做。

1. 用多种方法解决同一个问题。

2. 尝试一项以前从未接触的体育运动，学会它。

3. 每天为自己搭配衣服。

4. 结交一个新朋友。

第五节　勤查工具书

读一读

方嘉的故事

方嘉是西北某市一所小学的学生，他最喜欢的电视节目就是中央电视台的《开心辞典》。他最高兴的一件事情就是随爸爸赴京参加了一期《开心辞典》的现场录制活动。

他爸爸之所以能够被选中进京参加《开心辞典》的现场竞赛，是因为方嘉帮助爸爸解答了许多题。而方嘉的帮手，其实就是他的那些工具书。

方嘉的爸爸，给方嘉买了许多工具书，什么《中国少年儿童百科全书》《辞海》《华夏文化辞典》《数学辞典》《历史辞典》《军事百科辞典》《艺术百科全书》，等等。

方嘉上学前就喜欢问问题，他问的许多问题，连硕士毕业的父母都没法给出正确答案，于是他就买来许多工具书来查阅。渐渐地，方嘉就喜欢上了工具书。

上学后，他最喜欢看的书还是工具书。因为他发现，无论哪门课上的知识，他的工具书上都有，课本上没有的知识，工具书上也有；老师讲的所有知识，工具书上都有；老师没有讲或者老师一时讲不明白的知识，工具书上也有。

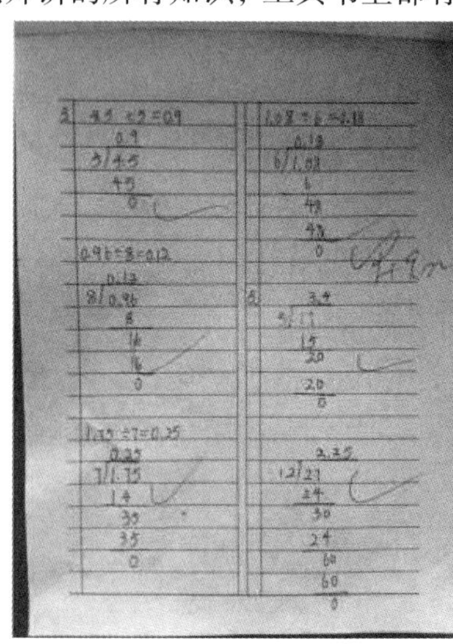

方嘉平时在班上知识面最广泛。有时甚至老师有不明白的问题，也会请他去查阅。

我爱查字典

我有爱查字典的好习惯。

以前，看书的时候遇到一些不认识的字，我不去查字典，总是问爸爸、妈妈。

有一次，我在书房看课外书，刚读了两行就碰到了一个不认识的字。我大声喊爸爸：“爸爸，快过来，这是什么字？”听到我的叫声，爸爸立刻走了过来，并且告诉我那个生字的读音和在文章里表示的意思。爸爸走后，我目不转睛地看起书来。

我看得津津有味的时候，又遇到了一个生词，我大声地喊：“妈妈，这儿有个生词。”妈妈走了过来，拿着一本《新华字典》，递到我跟前说：“自己查字典好吗，不仅能知道生字、生词怎么读，还会对生字、生词有更深刻的印象。”我点了点头，接过字典开始自己查。就这样，通过查字典，我独自完成了剩下文章的阅读，特别高兴。

从这以后，我逐渐养成了查字典的好习惯，碰到生字、生词，再也不用去问爸爸妈妈。

说一说

1. 列举出你所有的工具书。想一想，你平常是怎么利用的？

2. 遇到生字生词，你是去查字典，还是跳过，或者马上张嘴问人？你觉得哪种办法最好？

做一做

“工欲善其事，必先利其器。”在我们的学习中，工具书就是很好的“器”。工具书常被人们称为“案头顾问”“良师益友”“知识宝库的钥匙”等等。工具书是读书治学的工具，但凡读书者都离不开它，它能为我们迅速提供某些方面的基本知识，解答疑难问题，帮助我们大大提高读书效率。在阅读中，碰到不认识、不会写的字，或不懂的词语、典故，或不知道的人名、地名、年代、事件等，都可以通过查阅工具书来弄清楚。

试着做一做。

1. 把家中所有工具书归总、分类。

2. 学习基本的工具书查阅方法。

3. 遇到问题时，先不要去问老师或者家长，而到工具书里去查找。

4. 在家中的电脑上安装一些工具书软件。

第六节　充分利用图书馆

读一读

亲密的伙伴和老师

江苏作家吕锦华的童年是在苏州城里度过的。她的爸爸是教师，家中有许多书，但她看不懂，就常常把书当作玩具摆弄。有一次，小锦华在一本有大胡子叔叔像的书上又涂又画，爸爸下班回来见了，心疼得直跺脚，狠狠揍了她一顿。爸爸从来不打小锦华，这次，对她的震动很大。她幼小的心灵朦胧地感到：书，一定是世界上最珍贵的东西了。要不，爸爸怎会这样恼火？

少年时代，吕锦华迷上了书。一天，小锦华发现邻居家有书。邻居是当地医院的院长，是小镇上的大知识分子，他家订了好多杂志，有《收获》《萌芽》……还有很多别的书。小时候的吕锦华，挺招人喜爱，邻居喜欢她，她也乐得去。每次去，不要别的，专找书看。搬一个小凳子，躲在一个不引人注目的角落里，看呀看。有时，忍俊不禁地大笑起来；有时，却又不可抑制地哭出了声。每次，都是妈妈催了几次才出来；每次，都是一脸的不满足。

有一个星期天的早上，邻居家的门虚掩着，吕锦华又偷偷进去看起书来。邻居没有发现她，匆匆锁上门上班去了。待吕锦华发现自己被反锁在屋里时，她并没有慌张，反而感到异常高兴。这是她看得最舒服、也最解渴的一个上午。没有人打扰她、干涉她。她将邻居家藏书的箱子几乎翻了个底朝天，除医药书外，她都找出来看了。

稍大以后，学校的图书馆又成了最吸引她的地方。吕锦华不仅读小说，还看各种知识的书。同时，吕锦华开始记笔记，小本本记了一本又一本。

后来，吕锦华下乡插队。在寂寞的乡村生活中，书是她最亲密的伙伴和老师。

她如饥似渴地读着，书像一位娓娓而谈的知音，给她讲人生的真谛、生活的哲理；又像一位学问渊博的老师，给她讲宇宙地球，讲莎士比亚、左拉……

爱迪生读书

爱迪生是美国著名的科学家和发明家。他一生中的发明，仅在专利局登记的就有1328项。有人称他为天才。他说：天才，不过是99%的汗水加上1%的灵感。

爱迪生的求知欲很强，从小就酷爱学习和做实验。由于家境贫寒，爱迪生10岁便在火车上当了报童。火车到站休息时，爱迪生的唯一去处就是当地的图书馆。起初，爱迪生在图书馆读书，是从书架的最下层的第一本书读起，然后一本一本看遍全架。一天，爱迪生正在读书，一位图书馆管理员过来问他：“你读了多少书了？”爱迪生答：“读了15英尺。”管理员听后笑道：“哪有这样计算读书的？”爱迪生说：“我是按书架上图书的次序读的，我要把这里的书全部读完。”管理员说：“你的志向很远大。但若没有具体的目标，学习效果是不会很好的。”管理员的话对爱迪生的触动很大，这次对话成为他志学的一个转机。从此，爱迪生就把读书的重点转移到他所喜爱的自然科学方面。

想一想

1. 你周围熟悉的人中，有人对书怀有特殊的感情吗？你怎么看待这种感情？

2. 除了课本，你读了多少书？你喜欢读什么书？为什么？

做一做

图书馆是知识的海洋，里面有挖掘不尽的宝藏，可以说是我们的第二课堂。充分利用图书馆，我们不仅可以根据自身的爱好有选择性地学习知识，而且可以扩大视野、增长见识，从小学会占有信息、使用信息、创造有用的信息。请试着做一做，完成以下任务。

1. 每月从学校图书馆借阅一本图书。

2. 每读完一本书都写一篇读书笔记。

3. 参观大型图书馆。

4. 讨论网络阅读和图书馆阅读的差异。

下面是李梅同学在图书馆读书的体会。

1. 我喜欢到图书馆去。

2. 我学习了一些图书的分类知识和方法，掌握了各种图书分类号及序号的作用，可以迅速快捷地找到所需图书。

3. 我能在图书馆老师的帮助和指导下，采取灵活的阅读方法。有的图书可以粗略地浏览，有的应该细细品读。

请把你到图书馆读书的经验和做法也总结一下，写出来，与同学们交流。

第八章　五年级行为习惯

第一节　按时起床，按时睡眠

读一读

闹钟

有一段时期，荣登“中国少年榜”的全才少女黄思路每天晚上睡得很晚，早晨又想提前半个小时起来早读。可是，她听见闹钟响后没有马上起来，结果又沉沉睡去，如果不叫她，上学就要迟到。每天如此，闹钟便形同虚设。母亲王晶让女儿把闹钟设定推迟半小时，按正常时间起床，这样睡得充足一些。可是女儿不愿意，每天晚上总说保证第二天能早起，可是第二天还是迷迷糊糊醒不来。妈妈没收了闹钟，说：“既然闹钟起不了作用，就别用了，我可不当你的‘闹钟’！”

没有了依赖心理，思路睡到清晨便很警觉，听到一点点动静就醒过来了，又马上翻身起床，生怕一觉睡过头。几天之后，妈妈把闹钟还给女儿，思路便能准时起床了。

小卡尔的故事

有一天，叔叔一家人到我家来做客。家里来了客人本来就够让小孩子兴奋了，何况又见到了我的四个堂兄堂姐，我真是快乐极了。吃过晚饭后，我们几个小孩子玩起了捉迷藏的游戏，大家都玩得很高兴。不知不觉到了 9 点，我早就把时间忘到九霄云外去了。看我没反应，父亲过来催我去睡觉。

我当时正在兴头上，觉得从来没有这么好玩过，哪里舍得睡觉？仗着家里有客人，我要起赖来。

“让我再玩一会儿吧，就玩一会儿。”

父亲一口回绝了我：“不行，快去睡觉。”

“哦，爸爸，”我哀求道，“求求你了。”

叔叔也帮我求情："玩得这么高兴，哪里还睡得着？我们也难得来一趟，他们也难得一起玩，就让小卡尔再玩一会儿吧！"

"制订好的作息表怎么能不遵守呢？就算家里来了客人也不行。"

看着我磨磨蹭蹭不肯离去的可怜样子，叔叔又说："算啦，小孩子都是这样，何必那么严格。何况又不是经常这样玩，今天就算破例一次吧。"

"卡尔，"父亲严肃地说，"你自己考虑要不要去睡觉。即使你睡晚了，我也不会允许你多睡一会儿，早上 6 点必须起床。决定的后果你要自己承担。"

我明白父亲这话的分量，但是看看大家都快快乐乐地在一起，我可舍不得这份热闹。那天我们太高兴了，完全忘了时间，一直到 11 点半，大家都玩累了才去睡觉。

第二天一大早，父亲说到做到，果然 6 点钟一到就叫醒了我。可以想象我当时有多么烦恼，我根本没睡够，困得连眼睛都睁不开。但是父亲十分坚决，一定要求我立即起床。

我昏昏沉沉地起了床，然后一天都在昏昏沉沉中度过。那一天的学业也全荒废了，因为脑子里除了想睡觉什么也学不进去。晚上堂兄堂姐又邀请我玩一个新的游戏，可我再也没有精神，不到 8 点就独个儿回房间睡觉去了。

从那以后，我再也没有任意改变过作息时间，因为我已经亲身体会到不遵守规律的害处。

想一想

1. 黄思路为什么没有闹钟反而还能起得了床呢?

2. 你知道吗，我们自己就有一个很好用的生物钟，完全不必依赖别人。想一想自己早上起床的习惯，你有什么想要改变的吗?

3. 你认为如果不能按时睡觉，除了耽误睡眠时间，你还会损失什么?

4. 你平时有没有为了玩而放松执行自己的计划规定? 以后再遇到这样的问题，你会怎么做?

做一做

1. 早上不要让父母叫你起床，试着自己起来一次。

2. 体验一下小睡的感觉，看下表，然后想着只睡 15 分钟，看看能不能自己起来。

3. 找个机会叫别人起床，体会一下别人叫自己的感受。

第二节　保持正确的姿势

📖 读一读

保持良好视力

石先生是某报的编辑。他平时非常注意保护眼睛，双眼视力一直保持在 1.5。他也经常教育女儿要像他一样爱护眼睛，提醒和监督她在学习时做到“三个一”：眼睛离纸面 1 尺远，握笔的手指尖离笔尖 1 寸远，胸部与桌面 1 拳远。女儿小的时候总是做不到，石先生就不厌其烦地要求和强调，甚至用铁丝给女儿制作了视力保护架。久而久之，女儿的坐姿端正了，她学习十分用功，但双眼视力仍保持在 1.5 左右。石先生说：“我们父女俩的事例说明，自觉的爱眼行为与正确的学习姿势是保持良好视力的前提。”

面试的“拦路虎”

据《新民晚报》报道，2008 年 3 月，在上海交通职院空中乘务专业进行的面试中，站姿、走姿不佳竟成为考生报考空中乘务专业的“拦路虎”，不少容貌秀丽、身材姣好的考生因为站姿、走姿习惯不佳遭遇初试淘汰。

初试程序看起来很简单：首先是 10 名考生站成一排进行简单的自我介绍，然后按照考官指示向左、右转或向后转，接着在志愿者的带领下，绕场一圈并回答考官几个简单的问题后就结束了。让人惊讶的是，大部分考生被淘汰的原因是因为站姿和走姿习惯不佳。

“第一个走路的男生怎么走的是‘猫步’？”“男生走路这样太难看了。”两名考官低声讨论。

“5 号同学，请你抬头挺胸，不要驼着背！”“7 号同学，你照照前面的镜子，看你站直了没有？”“9 号同学，你的肩膀一高一低。”

上海交通职院院方认为，出现这类现象的最主要原因是学生平时学习和生活习惯不佳。比如，青少年耍酷青睐背单肩包，平时走路、做作业习惯驼背，久而久之，这些不良习惯在姿势上留下烙印。这些生活和学习习惯，应在中小学阶段，请学校和家长一起帮孩子纠正。有良好的仪态，能让孩子终生受益。

想一想

1. 一个良好的姿势是健康的保证，也是效率的保证。你的坐姿科学吗？能达到要求吗？

2. 本来很好的机会，也许就被一个姿势给抹杀了。爱美之心人皆有之，你生活中的形体美表现得怎么样？你的姿势良好吗？有没有需要改进的地方呢？

做一做

保持正确的姿势对健康有益。良好的姿势让人神清气爽，精神饱满，自信倍增。那么，怎样才能有好的姿势呢？

总的来说，要保持正确的坐姿——坐正；保持正确的站姿——站直；保持正确的走姿——走稳。

第一，背挺直。姿势变坏，都是由驼背开始的。

第二，收颔伸颈。如果能保持收颔伸颈的姿势，胸部就自然会舒展，背部就会自然挺拔。

第三，挺胸。胸是心、肺、肝、脾等内脏器官的所在部位，如果胸部被压迫，胸不舒展，就会妨碍内脏的活动，对身体不利。最常见的伸懒腰动作是最省事、简单、有效的扩胸运动。

第四，两肩后引。常意想两个肩窝向下松沉，肩部自然松弛下垂，拱肩的毛病就会改正。

第五，收腹。鼓肚会使上肢前弓，腰部更弯曲，会强迫使腰椎承受更大重量，所以必须保持收腹姿势。

试着做一做。

1. 学着电视里的时装模特走走台步。

2. 在家里站个军姿。

3. 把自己走路的姿势录下来自己看，给自己找问题。

4. 练习一项体育运动，学习每一个动作姿势，体会姿势到位的感觉。

第三节　坚持进行体育锻炼

读一读

竺可桢锻炼身体

竺可桢小学毕业时，他的才学和求知精神，在同龄人中都是一流的。然而，他的个子和体重却比同龄人要差得很多，显得又瘦又小，好像没发育好似的。

为了掌握更多的知识，成为国家的有用之材，小学毕业的竺可桢来到上海澄衷学堂读书。来到大都市后，小可桢依然像在家乡时一样勤奋好学。然而，他的那副单薄瘦弱的身子骨却成了同学们冷嘲热讽的对象。

有一天，在教室的走廊里，迎面走过来几个同学，在经过他身边的时候，几个人嘻嘻哈哈、挤眉弄眼，其中一个人大声挖苦道："这副小身板，一遇台风准得飞上天。"另一个接着说道："好一个寒酸的小矮子，准保活不过 20 岁。"

听到这些话，竺可桢十分气恼，真想狠狠地回敬他们几句，可转念一想：谁叫自己长得这么单薄瘦弱呢？

晚上，竺可桢躺在床上久久不能入睡，白天同学们说的话一遍又一遍地在耳边回响着，竺可桢想：既然自己立志要为国家出力，将来成为一个对国家、对社会有用的人，就得有一个好身体，就得首先战胜自己病弱的身体。"对，男子汉想到就要做到。"竺可桢立马从床上爬起来，连夜制订了一套详细的锻炼身体的计划，还手写了一条"言必行，行必果"的格言，作为警句贴在宿舍里最显眼的地方。

从那以后，竺可桢每天天一亮就从床上爬起来，到校园里跑步、舞剑、做操。即使遇到大雨天，也从不间断。

就这样竺可桢以顽强的意志坚持了一段时间，体质明显地有了好转。以前请病假是很常见的事，自从锻炼身体后再没有请过一次病假。

锻炼身体可以使我们的体魄强健，同时也可以使我们的抵抗力越来越强。想一想，我们是不是也应该开始锻炼身体了呢？那么我们该如何锻炼身体，又该怎样计划呢？

做一做

坚持进行体育锻炼很重要，它有助于带来一种更健康愉快的生活方式。小时候在进行体育锻炼时有固定规律的人，长大后会有可能成为有规律进行娱乐的健康的人。

常常锻炼身体的人会很容易就和队员保持和发展友谊，并且容易形成好的思维习惯。很多在成长环境中必需的素质都在运动的过程中得到了培养：果断、坚韧、合作以及自信。

很多同学都知道锻炼身体的重要性，并且都会有过要好好锻炼身体的想法。但是，很多人“三天打鱼，两天晒网”，不仅体质没增强，反而逐渐养成了做事拖拉、说话不算数的坏习惯。

要获得好的锻炼效果，必须长期坚持，养成每天锻炼的好习惯。小学生正处于身体快速发育的阶段，尤其大脑保持良好的状态非常重要——大脑是学习的机器，机器好，效率才会高。要想保持清醒的头脑，每天进行适当的体育锻炼是必不可少的。

试着做一做，完成以下任务。

1. 选择一种体育活动并坚持每周进行两次练习。
2. 和爸爸妈妈一起散步。
3. 请教体育老师，了解运动的好处，看看老师是怎么锻炼的。

第四节　要事第一

📖 读一读

哲学教授的实验

一位哲学教授站在他的学生们面前，他面前的桌子上放着一些物件。当课开始的时候，他拿起一个非常大的、空的橄榄油广口瓶，开始往里面填充石块。然后，他问学生们瓶子是否满了。学生们都认为瓶子已经满了。

于是，教授又拿起一盒鹅卵石，把它们倒在了瓶子里。他轻轻地摇动瓶子。当然，鹅卵石滚进了石块之间的空隙。然后，他又问学生们瓶子是否满了。学生们认为这次瓶子确实是满了。教授又拿起一盒沙子，把它们倒进了瓶子里。当然，沙子填满了所有的地方。接着，教授再一次问学生们瓶子是否满了。学生们异口同声地回答：“的的确确是满了。”

不料，教授从桌子下面拿出了两听啤酒，把它们倒进瓶子里。啤酒填满了沙子之间的空隙，学生们大笑。

“现在，”当笑声消退下去后教授说，“我需要你们认识到，这个瓶子就代表你的生命。那些石块是重要的事情——你的家庭，你的伴侣，你的健康——如果其他所有的东西都失去了，仅仅只剩下这些东西的时候，你的生命将仍然是丰满的。鹅卵石是富有意义的其他事情——像你的工作，你的房子，你的汽车。沙子是所有其他的事情，小事情。”

“如果你首先将沙子放进瓶子，”他接着说，“就没有鹅卵石或者石块的地方了。你的生命也是同样。如果你把你所有的时间和精力放在那些小的事情上，你将永远没有时间留给那些对你来说很重要的事情，关注那些对你的幸福至关重要的事情。首先关注石块——那些真正重要的事情，设置你的优先考虑，其余的都只是沙子。”

一位学生举起了手，问，啤酒代表什么。教授微微地笑了，“我很高兴你问了。它正好向你们显示了，无论你的生命看起来多么饱满，总还是有一杯啤酒的地方。”

院长的首要任务

某人受聘担任某大学商学院院长。他一上任先研究商学院的大概情形，发现当前最迫切需要的是资金。他知道自己募款能力很强，于是很明确地将募款列为首要任务。

这时问题产生了。过去的院长都是以院内的日常事务为工作重心，这个新院长却总是神龙见首不见尾，因为他正在全国巡回募款，以充实院内的研究费、奖学金等。但在日常事务方面，他便不如前任院长那么事必躬亲。

教授们有事找他，必须通过他的行政助理，这样一来不免觉得身价低了一截。

教授们越来越不满，终于派代表去见校长，要求院长彻底改变领导方式，或是更换院长。但校长明白新院长的作为，便说：“别把事情看得太严重。院长不是有个很不错的行政助理吗？再给他一些时间吧。”没多久，外界的捐款开始源源不断涌进来，教授们才了解了院长的远见。

之后，他们每次看到院长都会说：“你忙你的去吧，待在这里干什么？尽管去募款吧！你的行政助理能干得很。”

📖 想一想

1. 如果我们不能正确地选择，不分清事情的轻重缓急，则很难达成目标。你认为你学习、生活中的石块、鹅卵石、沙子、啤酒分别是什么？

2. 你认为新院长的“最佳选择”是正确的吗？为什么？

3. 你认为自己目前的“最佳选择”是什么？你怎样为此倾注更多的时间与精力？

做一做

要事，就是最有价值、首先要做的事情。

我们每个人在不同时期、不同阶段都有不同的“要事”。

学生期间的要事，就是努力学习，锻炼身体，树立正确的人生理想。

当然，生活总有被打乱的时候，比如一不小心生病了，这时就要以治病为主，先要治好病。我们有时候需要做出选择。假如有两件都很重要的事情同时摆在你的面前，而你只能择其一，这时你会左右为难。那么，到底应该怎样选择呢？

选择依据的原则是：要事第一。如何把握好这一原则呢？第一，分清楚事情的重要性和紧迫性程度，着重去完成最紧迫且重要的事情。第二，把有限的精力合理安排，专注于一些对自己非常重要的事情。

试着做一做。

1. 记录一天你用自己的时间都做了什么。
2. 写出你认为最重要的一件事。
3. 写下一个较长远的人生目标。

第五节　制订可行的计划

读一读

小海马的寻梦之路

小海马有一天做了一个梦，梦见自己拥有了七座金山。

从美梦中醒来，小海马觉得这个梦是一个神秘的启示：它现在全部的财富是七个金币，但总有一天，这七个金币会变成七座金山。

于是它毅然决然地离开了自己的家，带着仅有的七个金币，去寻找梦中的七座金山，虽然它并不知道七座金山到底在哪里。

海马是竖着身子游动的，游得很缓慢。它在大海里艰难地游动，心里一直在想：也许那七座金山会突然出现在眼前。

然而金山并没有出现，出现在眼前的是一条鳗鱼。鳗鱼问：“海马兄弟，看你匆匆忙忙的，你干什么去？”海马骄傲地说：“我去寻找属于我自己的七座金山，只是……我游得太慢了。”

“那你真是太幸运了。对于如何提高你的速度，我恰好有一个完整的解决方案。”鳗鱼说，“只要你给我四个金币，我就给你一个鳍，有了这个鳍，你游起来就会快得多。”海马戴上了用四个金币换来的鳍，发现自己游动的速度果然提高了一倍。海马欢快地游着，心里想，也许金山马上就出现在眼前了。

然而金山并没有出现，出现在海马眼前的，是一个水母。水母问：“小海马，看你急匆匆的样子，你想要到哪里去？”海马骄傲地说：“我去寻找属于我自己的七座金山。只是……我游得太慢了。”“那你真是太幸运了。对于如何提高你的速度，我有一个完善的解决方案。”水母说，“你看，这是一个喷气式快速滑行艇，你只要给我三个金币，我就把它给你。它可以在大海上飞快地行驶，你想到哪里就能到哪里。”海马用剩下的三个金币买下这个小艇。它发现，这个神奇的小艇使它的速度一下子提高了几倍。它想，用不了多久，金山就会马上出现在眼前了。

然而金山还是没有出现，出现在海马眼前的，是一条大鲨鱼。大鲨鱼对它说：“你太幸运了。对于如何提高你的速度，我恰好有一套彻底的解决方案。我本身就是一条在大海里飞快行驶的大船，你要搭乘我这艘大船，你就会节省大量的时间。”大鲨鱼说完，就张开了大嘴。

“那太好了！谢谢你，鲨鱼先生。”海马一边说一边钻进了鲨鱼的口里，向鲨鱼的肚子深处欢快地游去。

完美的计划

一行人去西北旅游。他们的假期有限，财力也有限，但偏又贪婪，想尽可能多地玩。这就需要有个很好的计划。幸好其中有一位是导游出身，他在出发前两个月就拿出了周密详尽的计划，之后五日一大修，两日一小改。等到终于出发时，沿线大小景点、车船班次、公里数以及民风民俗、餐厅旅社、土特产品他几乎能倒背如流。

一路上他们照计划行进，环环紧凑，丝丝入扣，在那片从未介入过的土地上竟然如鱼得水。当然，这得归功于那个完美的计划。

然而一切均在预期之中，又让他们觉得有缺陷。尤其是受沿途壮美、辽远而神秘的景象的蛊惑后，他们开始不满足于按部就班，恶作剧地试图破坏原有计划，但他们终于发现那计划根本没法破坏，它实在是太完美了。

想一想

1. 想要实现自己的理想，就要在未付出行动之前，提前整合各种信息，做好系统的分析，而不是盲目行动。想一想，小海马为什么误入歧途？如果是你，你会怎么做？

2. 你从第二则故事中悟出了什么？

做一做

有计划、有目标固然是好事，但盲目的计划，不但不好执行，还会使我们丧失动力，从而停滞不前。这时我们需要反思，要重新审视自己的计划，把每一个步骤都细化并落实到具有可行性的操作上。

同时，我们既要分析已具备的条件，还要考虑时间的分配等问题。

试着做一做。

1. 对自己马上要做的事情进行分析，写出必要的步骤。

2. 完成某件事情之后，与自己之前制订的计划对照，看看实现了哪些步骤。

3. 自己制订一个假期计划。

第九章　五年级生活习惯

第一节　学会和父母合作

📖 读一读

已经用尽全力了

星期六上午，一个小男孩在他的玩具沙箱里玩耍。沙箱里有他的一些玩具小汽车、塑料水桶和一把亮闪闪的塑料铲子。在松软的沙堆上修筑公路和隧道时，他在沙箱的中部发现一块巨大的岩石。

小家伙开始挖掘岩石周围的沙子，企图把它从泥沙中弄出去。他是个很小的小男孩，而岩石却相当巨大。小家伙手脚并用，似乎没有费太大的力气，便把岩石连推带滚地弄到了沙箱的边缘。不过，这时他才发现，他无法把岩石向上滚动，翻过沙箱边墙。

小男孩下定决心，手推、肩挤、左摇右晃，一次又一次地向岩石发起冲击。可是，每当他刚刚觉得取得了一些进展的时候，岩石便滑脱了，重新掉进沙箱。

他伤心地哭了起来。这整个过程，男孩的父亲从起居室的窗户里看得一清二楚。当泪珠滚过孩子的脸庞时，父亲来到了孩子跟前。

父亲的话温和而坚定："儿子，你为什么不用上所有的力量呢？"

垂头丧气的小男孩抽泣道："我已经用尽全力了，爸爸。"

"不对，儿子，"父亲亲切地纠正道，"你并没有用尽你所有的力量，你没有请求我的帮助。"

父亲弯下腰，抱起岩石，将岩石搬出了沙箱。

干净的院子

7 岁的史蒂芬已相当懂事，在家庭会议上表示自愿负责照顾庭院，于是爸爸认真指导他如何做个好园丁。

爸爸指着邻居的院子对他说："这就是我们希望的院子——绿油油而又整洁。除了上油漆以外，你可以自己想办法使院中充满绿意，用水桶、水管或喷壶浇水都行。"

经过两星期的训练，史蒂芬终于完全接下了这个任务。爸爸和他协议，一切由史蒂芬做主，爸爸只在有空时从旁协助。此外，每周两次，他必须带爸爸巡视整个院子，说明工作成果，并自行判断表现成绩。

那一天是星期六，一连过了 3 天，史蒂芬毫无动静。爸爸忍不住对他说："照前几天的约定，你现在带我到院子里，看看工作成绩，好不好？"

才出门史蒂芬就低下头哭起来。

"爸，这好难哟！"爸爸说："需不需要我帮助呢？"

"你肯吗？爸！"

"我答应过什么？"

"你说有空的时候会帮我。""现在我就有空。"史蒂芬跑进屋去拿来两个大袋子，一人一个，指着一堆垃圾说："请把那些捡起来好不好？"

爸爸乐于从命，因为史蒂芬已开始负起照顾这片园地的责任了。

那年暑假爸爸总共又帮了两三次忙，之后史蒂芬就完全独立作业，悉心照顾一切。

1. 合作的力量是巨大的。当你遇到困难但用尽全力还没克服时，不要忘记合作能让你事半功倍！想一想，你生活中有没有力不从心的经历？你是怎样处理的？

2. 如果是你，你会像故事中的小男孩那样寻求帮助吗？和同学交流一下自己和父母合作的经历。

做一做

我们平时在学校和同学接触最多，一般都会较好地和同学合作，互帮互助。但有些同学一回到家里，却变得独断专行了。随着年龄的增长，我们会变得越来越有主见，很多人越来越不肯和父母合作。但实际上，在家里，我们需要和父母合作。学会了和父母合作，能很好地和父母相处、交流，充分地汲取来自父母的爱和力量，有利于我们健康地成长。

做一做，完成以下任务。

1. 每周帮助父母进行家庭大扫除一次。
2. 长期负责家里取牛奶、拿报纸等工作。
3. 负责设计某次家庭聚会。

第二节　理智消费

读一读

“小富翁”

5 名小学生疯狂购物，一天花了 3 万元压岁钱，引起了家长们的不满，他们纷纷要求商场做出退货处理。

据 8 岁的小刚介绍，当天他与 4 位同学逛商场，看到一些学生出手阔绰，令他们十分惊讶。有两位中学生结伴而来，不假思索地买下了两辆 600 多元的遥控翻斗车；当他们上前问价时，遭到对方的嘲笑，他们才开始疯狂花钱“摆阔”。

记者了解到，这几名“小富翁”过年压岁钱都过万元，他们认为这钱归自己支配，想怎么花就怎么花，爸妈无权干涉。

破碎的“明星梦”

只因看了一家影视公司的招聘演员广告，14 岁的小化从山西来到郑州。所带的钱花光了，可“明星梦”还是遥遥无期，无奈只好流浪街头，幸被郑州市石佛派出所民警发现，才与其家人取得联系。

据民警介绍，昨日一大早，他们接到报警，称在化工路上一家饭店门口有一个外地小孩在哭。民警迅速找到了小孩，看到他身上穿着很薄的衣服，冻得直打哆嗦，就把他带回派出所。

经过民警询问，孩子说出了实情：自己是山西大同一所农村中学的学生。半个月前，他从报纸上看到郑州一家影视公司招聘小演员的广告，广告称可免费把小演员包装成明星。小化看了很激动，就从家里拿了 3000 元钱坐火车来到郑州。

找到那家影视公司，按照公司的要求，小化交了 2000 多元的培训费和试镜费，一来二去，小化身上的钱很快花光。无奈，他只好放弃“培训”，但也不敢和家人联系，只得开始在街头流浪。

面对民警的教育，小化表示再也不做“明星梦”了。

短信

刚念大学时，爸爸和我约定，每月的 15 日给我寄 500 元的生活费。我的开支毫无规律可据，三天两头的，我就找个理由与同寝室的舍友们到校园餐馆挥霍一顿。第一个月，爸爸容忍了我，提前把第二个月的生活费寄了过来。然而我却恶习难改，第二个月、第三个月依然如此。终于，在离第四个月的收款日遥遥无期的时候，我又捉襟见肘了。

万般无奈，我给爸爸发了一条短信：“爸爸，饿坏了！”爸爸很快就回了短信：“孩子，饿着吧。”

生活真是太伟大了。在那之后只有 10 块钱的 10 天里，我绞尽脑汁节衣缩食，竟然也把那段艰难的日子熬过去了。

从此，我学会了精打细算，并又发现，其实只要稍稍收敛一下不必要的支出，每月 400 元生活费就够用了。

想一想

1. 你认为怎样支配自己的压岁钱更为合理？假如你得到了 5000 元压岁钱，你准备怎么处理？

2. 试着分析小化的哪些做法你不认同？说说你的理由。

3.《短信》中的爸爸做得过分吗？为什么？

做一做

我们每天都生活在广告的包围中。那么，广告中的产品是不是都好呢？未必。广告是商家为了售卖商品所采取的宣传手段之一，很多广告有夸大甚至虚假的成分。我们有的同学轻信广告，热衷于赶时髦，盲目追求名牌，是很不理智的消费行为。

过多的广告会搅乱人们的正常消费需求，我们要努力做到理智消费。

做一做，完成以下任务。

1. 制订一个攒钱计划，并开始实行。

2. 和爸爸妈妈逛一次小商品批发市场。

3. 用自己的零花钱买份礼物，在父亲节或母亲节送给父母。

4. 召集好朋友一块出去吃一顿，AA 制。

5. 制订一个压岁钱使用计划。

第三节　做一个言而有信的人

📖 读一读

诚信

我和好朋友舒慧经常在一起学习、做游戏。有一天，她对我说：“沈泱，绍兴图书馆正在举办泥塑展，可好看了！星期六我们一起去看吧。”我高兴地说：“好啊，我也想长长见识呢。”于是我们约定星期六下午两点在图书馆门口见面，不见不散。

星期六下午两点，我准时来到图书馆门口，可是过了十分钟，舒慧还没有来。我有点着急，开始埋怨起来：“约定好的时间怎么不遵守呢？”时间一分一秒地过去了，我的情绪慢慢地由原来的兴高采烈转为愤愤不平。又等了十分钟，舒慧还是没有出现。我想：“这个舒慧，真是太不守信用了，不过，她平时可不是这样的！是不是她家里有事呢？”这时候天突然阴了下来，我抬头看看天边，乌云密布，眼看就要下雨了，我一跺脚往图书馆大厅内跑去……

天空果真下起了大雨，我又开始为没带伞发愁了。正在这时，我听见远处传来清脆的叫声：“沈泱，沈泱！”我回头看去，竟是舒慧她撑着一把红雨伞，在密密的雨中急冲冲地向我跑来。还没等我开口，舒慧收起了伞，甩了一下头发上的水珠，气喘吁吁地说：“对不起……沈泱……我……来迟了……我外婆家里临时有急事，妈妈让我一起去，不到两点钟的时候我往你家里打电话，可是阿姨说你已经走了，我只好来跟你说清楚。”哦！原来是这样，我问：“你外婆家的事很急吗？”“是的，妈妈还在图书馆外面等我！”我朝外看去，舒慧的妈妈正在雨中焦急地往里张望。“喏，这把雨伞你拿着，我走了。”舒慧说完转身朝大厅外跑去，我的心头涌上一股暖流。舒慧一边跑一边说：“沈泱，祝你看一个好展览。”

我一走进泥塑展览室就立马被各种各样的泥塑作品吸引了。虽然是一个人欣赏展览，但我的心情却特别好。一滴水能折射太阳的光辉，一件小事能增进朋友之间的真诚友谊。

诚信，我们应当从身边一点一滴的小事做起。

宋庆龄小时候的故事

宋庆龄从小就注重养成遵守诺言的美德，答应的事，一定去做，从不失信。

一个星期天，宋庆龄一家用过早餐，准备到一位朋友家做客。

小庆龄听到这个消息后，高兴得跳了起来。她最喜欢到这位叔叔家了，叔叔家养的鸽子长着尖尖的嘴巴，红红的鼻子，黑黑的小眼睛，漂亮极了！叔叔还说准备送她一只。小庆龄想到这些心里就高兴，她急急忙忙跑到自己的房间，把自己最漂亮的衣服找出来穿上，准备和爸爸宋耀如一起去叔叔家。她刚跟着爸爸妈妈走出门，突然想起今天上午小珍要来跟她学叠花篮，于是就不知不觉地停住了脚步。小珍和小庆龄的年龄差不多，两人可要好了。

父亲见小庆龄站在那里不动，就问："庆龄，你怎么落后了，难道你不想去看鸽子了吗？"

小庆龄说出原委。父亲说："没关系，明天你到小珍家里教她。"

她为难地说："不行，我们已经约好了，不见不散。我走了，会让她失望的。"

姐姐说："小珍不会怪你的，明天见到小珍，解释一下就行了。"

可是小庆龄仍然站在那儿不动："爸爸说过，做人要信守诺言。如果我忘了，明天见到她，可以道歉；可是现在我想起来了，我就得在家里等她，不然就不守信用。"

宋耀如听了女儿的话，心里很高兴，于是就对其他的孩子说："庆龄做得对，你们都应该向她学习，做个讲信用的孩子。"

父亲到了朋友家，把这件事跟他的朋友讲了，那位叔叔还让父亲给庆龄带回两只鸽子，算是对她的奖励。

做一做

很多成功人士在讲述自己成功秘诀时都提到过诚信，我们要说话算数，答应别人的事情一定要做到。但有时我们完不成答应别人的事，不是我们不想做，而是很多其他原因导致我们无法完成。我们要反思自己答应的事情为什么做不到，做不到是我们没有尽力还是因为一些客观原因。

在承诺前要考虑自已是否做得到，这样我们才能真正做到说话算数。我们要做到不欺骗、不吹牛、不承诺做不到的事，更不能说"没问题，包在我身上"之类没有回旋余地的话，我们要真正做一个言而有信的人。

在今后的学习与生活中力求做到：

1. 答应别人的事一定要做到；
2. 先从简单的事做起；
3. 尽量不随意承诺。

第四节　学会感恩

读一读

学会感恩

学会感恩，感激父母，是他们给了我们宝贵的生命。学会感恩，感激老师，是他们给了我们无穷的知识；学会感恩，感激朋友，是他们给了我们克服困难的力量；学会感恩，感激周围的一切人，是他们让我们愉快健康地成长。

感恩社会，让爱心在你我之间传递。感恩社会，我们才能收获更多真诚的微笑，得到更多热情的帮助和支持，拥有更多挑战生活的信心。常怀感恩之心的人是幸福的，常怀感激之情的生活是甜美的。有了感恩之心，我们的心灵才会得到净化，人格才会完善，生命才会升华。

手术费：一杯牛奶

一个家境贫寒的男孩为了积攒学费，挨家挨户地推销，但他的推销很不顺利，傍晚时他疲惫万分，饥饿难耐，绝望地想放弃一切。

走投无路的他敲开一扇门，希望主人能给他一杯水。

开门的是一位美丽的年轻女子，她笑着递给了他一杯浓浓的热牛奶。

男孩眼含热泪把它喝了下去，从此对人生重新鼓起了勇气。

许多年后，他成了一位著名的外科大夫。

一天，一位病情严重的妇女被转到了这位著名外科大夫所在的医院。大夫顺利地为妇女做完手术，挽救了她的生命。无意中，大夫发现这位妇女正是多年前在他饥寒交迫时给他那杯热牛奶的年轻女子。他决定悄悄地为她做点什么。

一直为昂贵的手术费发愁的妇女硬着头皮办理出院手续时，在手术费用单上看到了这几个字——手术费：一杯牛奶。

八吊钱，一世情

梅兰芳 15 岁那年，不幸染上了白喉病，仍每日带病坚持演出。当时的医疗水平可想而知，若治疗不及时，白喉病会危及生命。李宣倜得知情况后，不由得心急如焚，马上跑去梅家，找到梅兰芳的祖母质问：“小孩都病得这么重了，干吗还让他登台演出，这不是要孩子的命吗？”祖母顿时泪下，叹息道：“三爷，您有所不知，我们全家都靠这孩子每天唱戏赚的 8 吊钱来养活。他一天不唱，一家人就揭不开锅，我也是迫不得已啊！”李宣倜当即吩咐：“那好，从明天起，你每天派人到我家去取 8 吊钱来。马上送孩子去治病，治好了为止。”对于贫病交加的梅家而言，这无异于雪中送炭，梅兰芳的祖母大为感激，每天到李家去取 8 吊钱。全家的生活来源有了保障，梅兰芳就不必再去演出，每天待在家里安心养病。40 天后，梅兰芳病情痊愈，重新登台。李宣倜接济梅家，完全是出于爱才心切，以他当时的显赫地位，自然没把这 300 多吊钱放在心上，但梅兰芳却对此番恩情终生不忘！

1961 年，李宣倜病重，弥留之际，梅兰芳侍奉床前，紧握住他干枯的双手，动情地说道：“三爷，您放心，身后之事，我一人承担。”老人闻言，潸然泪下。不久之后安然辞世。

想一想

同学们，读了上面的故事，你有什么感想？你是怎样对待帮助过你的人的呢？你想对父母说些什么？你打算今后怎样做？

记一记

感恩的名言

1. 感恩是精神上的一种宝藏。——洛克
2. 感恩即是灵魂上的健康。——尼采
3. 没有感恩就没有真正的美德。——卢梭
4. 人世间最美丽的情景是出现在当我们怀念到母亲的时候。——莫泊桑
5. 家庭之所以重要，主要是因为它能使父母获得情感。——罗素
6. 父母的美德是一笔巨大的财富。——贺拉斯
7. 全世界的母亲是多么的相象！她们的心始终一样，都有一颗极为纯真的赤子之心。——惠特曼
8. 养儿方知娘艰辛，养女方知谢娘恩。——日本谚语

第五节　保护个人隐私，严守国家秘密

小红该怎么办

小红刚从外地转学来不久，就有同学问她家的电话号码、家庭住址，想到她家玩，有的还好奇地打听她父母是干什么的。由于彼此不熟悉，小红没有回答。有的同学便说小红不合群、不开朗。小红知道后很难过，她认为自己没有错，但又说不出道理。

面试

北京有一家外资企业招工，对学历、外语水平、身高、相貌的要求都很高，许多高素质人才都来应聘。一些年轻人，过五关斩六将，到了最后一关：总经理面试。

这些年轻人认为，这很简单，只不过是走走过场罢了。

一见面，总经理说："很抱歉，年轻人，我有点急事，要出去 10 分钟，你们能不能等我？"这些年轻人说："没问题，您去吧，我们等您。"总经理走了，年轻人一个个踌躇满志，得意非凡，闲不着，围着老板的大写字台看，只见上面文件一摞，信一摞，资料一摞。年轻人你看那一摞，我看这一摞，看完了还互相交换。

10 分钟后，总经理回来了，说："面试已经结束。""没有啊？我们还在等您啊。"总经理说："我不在的这一段时间，你们的表现就是面试。很遗憾，你们没有一个人被录取。因为，本公司从来不录取那些乱翻别人东西的人。"

这些年轻人一听，捶胸顿足。他们说："我们长这么大，就从来没听说过不能乱翻别人的东西。"

我也能

罗斯福任美国总统以前，在海军部供职。某日，一位朋友问及海军在大西洋的一个小岛筹建基地的秘密计划。

罗斯福特意向四周望了望，然后压低声音问："你能保守秘密吗？"

"当然能！"

"那么，"罗斯福微笑着说，"我也能。"

涉密笔记本被盗案

2004 年 9 月，中国电子科技集团第十研究所副总工程师喻光正到哈尔滨航空工业集团有限公司出差，入住公司第一招待所。当晚发现笔记本电脑丢失，随即报案。哈尔滨市公安局立即组成联合专案组进行侦破，随后破获此案。该涉密笔记本电脑是哈航集团第一招待所维修工人刘飞所盗。案件侦破后，有关部门对该电脑进行了检测，电脑中共存有 50 份文件资料，经鉴定其中机密级 3 份、秘密级 29 份，内部资料 14 份。经检测，此电脑的内存信息已经被拷贝过。喻光正严重违反保密规定，在笔记本电脑中存储大量国家秘密，未采取严格保密措施，第十研究所决定给予喻光正行政警告处分和经济处罚。中国电子科技集团公司分别给予该所所长、党委书记经济处罚。刘飞被依法判处有期徒刑。

想一想

1. 你能帮助小红说清道理吗？如果遇到同样的问题，你有没有更好的处理方式？
2. 为什么不能乱翻别人的东西？
3. 故事中的罗斯福，为什么要那样说呢？
4. 为什么要给予第十研究所副总工程师喻光正行政警告处分和经济处罚？

做一做

个人有个人的隐私，国家有国家的秘密。请试着完成以下任务。

1. 拥有一个属于自己的抽屉。
2. 自己动手做一个藏宝箱。
3. 和好朋友交换日记本一分钟（不要看）。
4. 读几本关于保守国家机密的书，阅读与保护个人隐私、严守国家秘密相关法规。

第十章　六年级学习习惯

第一节　做好读书笔记

读一读

不动笔墨不看书

毛主席总是挤时间看书学习。他反对那种只图快、不讲效果的读书方法，提倡认真地学，反复地读，不动笔墨不看书。他每读一本书，一篇文章，都在重要的地方画上圈、杠、点等符号，在书眉和空白的地方写上批注。毛主席的读书兴趣很广泛，哲学、政治、经济、历史、文学、军事等社会科学以至自然科学书籍无所不读。

风趣的笔记

古往今来，成功人士大都十分注重做笔记，并且有的笔记十分风趣。

蒲草笔记：汉代路温舒，小时候家贫，无钱读书。一次，他在野外放牧时，发现宽宽的蒲草可用来记字造句。于是他便将蒲草带回家，边读书边在蒲草上做笔记。读一本，抄一本。最后他终于谙熟《春秋》经义，成为有名的法学家。

树干笔记：南北朝时的任末，外出求学时无钱住客店，便在树林里搭了个小茅棚，然后以荆条为笔、树汁为墨水，边读边记，把书中的优美词句都写在了树干上。后人将此树林称为"经苑"。

布袋笔记：宋代诗人梅尧臣，外出时总会带上一个小布袋。每当读到佳句妙语时，就把它们写在纸片上，然后放到小布袋中。闲暇时，他便从小布袋中取出所记的纸条一一背诵或启发思维。后来他终于成了一位出色的诗人。

学一学

读书笔记，是指人们在阅读书籍或文章时，遇到值得记录的东西或自己的心得、体会，随时随地把它记下来的一种文体形式。读完一篇文章或一本书后，应根据具体情况，做好读书笔记。常用的读书笔记形式有如下几种。

提纲式：以记住书的主要内容为目的，通过内容提纲，明确主要和次要的内容。

摘录式：主要是为了积累词汇和句子。可以摘录优美的词语，精彩的句子、段落，供日后熟读、背诵和运用。

仿写式：为了学以致用，可根据所摘录的精彩句子、段落进行仿写，达到熟练运用的目的。

评论式：对读物中的人物或事件加以评论，肯定其思想艺术价值。可分为书名、主要内容、评论意见等部分。

心得式：记下自己感受最深的内容。可以记下读了什么书，书中哪些内容对自己的影响最深，联系实际写出自己的感受，即随感。

存疑式：记录读书中遇到的疑难问题，边读边记。记下后可分别请教别人，争取弄明白。

简缩式：为了记住故事梗概，读完一篇较长文章后，可抓住主要内容将其缩写成短文。

不管写怎样的读书笔记，前提是读懂文章。写读书笔记一般要先概括文章主要内容，然后根据自己选择的角度（语言或人物或其他）进行评论，只要是自己的看法即可。

学习以上记笔记的方法并运用到自己的读书实践中。

比一比

下面是小玉同学有关记笔记的做法。请你也总结一下自己好的做法，比一比看谁的更好。

1. 我有各科专用的笔记本。

2. 我每上一堂课都认真记好笔记。

3. 如果因缺课未记笔记，我会及时补好笔记并进行消化。

4. 每隔一段时间我都会整理一次课堂笔记，形成知识脉络结构图。

5. 我每看一本书都会认真做读书笔记，记录书本的精华，也记录下自己的思维火花。

做一做

1. 把书本中优美的词句用专门的摘抄本摘录下来。
2. 每天背诵一段优美的文字。
3. 在书本的空白部分写下自己读书时的所思所想。
4. 每读完一本书，都坚持写读后感。

第二节　善于提问

孙中山的故事

孙中山小时候在私塾读书。那时候上课，先生念，学生跟着念，咿咿呀呀，像唱歌一样。学生读熟了，先生就让他们一个一个地背诵。书里的意思，先生从来不说。

一天，先生又教了一段课文。孙中山读了几遍，就能背了。可是，书里说的什么意思，他还有些不明白。孙中山想，这样糊里糊涂地背，有什么用呢？于是，他壮着胆子站起来，问："先生，您刚才让我们背的这段课文是什么意思？请您为我们讲讲吧！"

这一问，把正在摇头晃脑念书的同学吓呆了，课堂里霎时变得鸦雀无声。

先生拿着戒尺，走到孙中山跟前，厉声问道："你会背了吗？"

"会背了。"孙中山说着，就把那段课文一字不漏地背了出来。

先生收起戒尺，摆摆手，让孙中山坐下，说："我原想，书中的道理，你们长大了自然会知道。现在你们既然想听，我就讲讲吧。"

先生讲得很详细，大家听得也很认真。

后来，有个同学问孙中山："你向先生提问题，不怕挨打吗？"

孙中山笑了笑，说："学问学问，不懂就要问。为了弄清道理，就是挨打也值得。"

"偶然"的发现

1666年夏末一个温暖的傍晚，在英格兰林肯郡乌尔斯索普，一个腋下夹着一本书的年轻人走进他母亲家的花园里，坐在一棵树下，开始埋头读他的书。当他翻动书页时，他头顶的树枝中有样东西晃动起来。一只历史上最著名的苹果落了下来，打在23岁的牛顿的头上。恰巧在那天，牛顿正苦苦思索着一个问题：是什么力量使月球保持在环绕地球运行的轨道上，以及使行星保持在其环绕太阳运行的轨道上？为什么这只打中他脑袋的苹果会坠落到地上？正是从思考这一问题开始，他找到了这些答案——万有引力理论。

童年时代的一天晚上，瓦特在家中喝茶，滚烫的开水刚冲进茶壶，一时还无法喝。瓦特耐心地等待茶凉，他一会儿将茶壶盖打开，一会儿盖上。当他盖上茶壶盖，无意中把茶壶嘴用手指堵住时，壶中的蒸汽竟把壶盖顶得“扑扑”直响。蒸汽竟然能将壶盖顶开，这一现象引起了瓦特的注意，他继续摆弄着茶壶。坐在一旁的外祖母觉得小瓦特太无聊了，便加以训斥。而瓦特一心想着蒸汽的力量，依旧玩着他的茶壶。这次“偶然”的发现，在瓦特心中留下了深刻的印象。日后，瓦特以浓厚的兴趣投入蒸汽机的研究，不能说与这次的“偶然”发现毫无关系。这位苏格兰发明家最突出的贡献是对蒸汽机作了重大的改革，发明了往复式蒸汽机。为了纪念他，物理学中将他的名字作为功率的单位。

说一说

看起来司空见惯的现象，多问几个为什么，也许会有意想不到的收获。同学们读完这两则小故事你有什么感受呢？

做一做

“学起于思，思源于疑”，经常能够提出问题，能不断地激发我们去思考。在这个过程中，我们既拓展了知识面，又提高了思维能力。提问是一种重要的学习方法。善于学习的人，会通过提出问题、思考问题、解决问题来达到学习的目的。

试着做一做。

1. 读一读《十万个为什么》。

2. 准备一个小本子，随时把自己的疑问记下来。

记一记

名人名言

1. 思维从疑问和惊奇开始。——亚里士多德

2. 质疑是迈向哲理的第一步。——狄德罗

3. 提出问题比解决问题更重要。——爱因斯坦

4. 怀疑精神是科学精神的重要组成部分。——周光召

5. 问题是接生婆，它能帮助新思想的诞生。——苏格拉底

第三节　敢于质疑

📖 读一读

伊伦的故事

科学世家的“小公主”、居里夫妇的女儿伊伦•约里奥•居里，与丈夫一起获得1935年的诺贝尔化学奖。她小时候非常好动，淘气得像个男孩子。但是自从参加由母亲居里夫人及其好友朗之万、佩兰等人制订的合作教育计划，她的淘气变成了对未知事物强烈的爱好和探索精神。有一次，物理学家朗之万给孩子们出了一个问题：把一条金鱼放进一个装满水的鱼缸里，然后把溢出来的水接在另一个缸子里，结果却发现这些水的体积比金鱼的体积小，为什么？

孩子们七嘴八舌议论纷纷。伊伦没有参加讨论，而是在想浮力定律——浸在水中的物体所排开水的体积应当与物体体积相等。可是这个定律怎么到了金鱼身上就不灵了呢？又想，朗之万是知识渊博的大物理学家，总不会是他弄错了吧？

一回到家，她就去问妈妈这个怪问题。居里夫人想了想后，笑笑说："伊伦，你动手做一下，试试看就知道了。”伊伦一定要弄出个究竟，想证实自己的想法是正确的。于是她从实验台上取了个缸子，又弄了条金鱼，开始做实验，结果竟然是溢出的水体积与金鱼的体积一样。

“奇怪呀！为什么朗之万说体积不相等呢？”伊伦想了半天，最后好像下了很大的决心。

第二天一上课，她就质问朗之万，为什么给他们提出一个错误的结论，并详细地描述了自己的实验经过和结果。朗之万听完，赞赏地笑了：“伊伦，你是个聪明的孩子。通过这个小谎言，我想告诉孩子们——科学家说的话不一定就对，只能相信事实，严谨的实验才是最可靠的证人。”想一想如果小伊伦想也不想就接受了朗之万的观点，没有觉得有任何的不对劲，还会有后面的问题和探索吗？这个故事对你有什么启示？

📖 做一做

质疑是现代教育倡导的重要思维方式之一，也是使人变聪明的最好的训练。敢于质疑，必须克服羞怯、要面子、怕得罪人的心理。有的同学对课本上的、老师教的知

识全盘接受，不加思考。他们习惯了“全盘拿来”，全然不管是否有疑问。其实，有很多问题就隐藏在我们的“熟视无睹”中。有时候，我们明明发现了问题，看到了漏洞，但就是不敢质疑，觉得别人是权威，是专家，肯定比自己懂得多，万一说出来是自己不对，不但会遭人耻笑，还会得罪人，所以干脆不问了。久而久之，就会变得迷信权威，对自己没有信心。

试着做一做。

1. 记下课本中你有疑问的地方。

2. 阅读课外书，随时记录自己的疑问。

3. 和父母讨论一个你觉得很深奥的问题。

关于思考的名人名言

1. 思考是行为的种子。——爱默生

2. 我思故我在。——笛卡尔

3. 一个人年轻的时候，不会思索，他将一事无成。——爱迪生

4. 学习知识要善于思考，思考，再思考。——爱因斯坦

5. 学而不思则罔，思而不学则殆。——《论语》

6. 沉思就是劳动，思考就是行动。——雨果

7. 业精于勤而荒于嬉，行成于思而毁于随。——韩愈

比一比

下面是王凯同学关于学习与思考的经验。

请把你的学习与思考的经验也整理出来，比一比，看看谁的更棒。

1. 我总是能发现自己感兴趣的问题，并且尝试去解答它们。

2. 我有时候会被一件偶然的现象所吸引，并且长时间的观察和研究这个现象，直到得到满意的解释为止。

3. 我常常喜欢动手做实验来验证别人的某些观点或者在学校里学习的知识。

4. 我尝试通过互联网、报纸、杂志，或者咨询老师等深入了解各种信息。

第四节　学会合作快乐学习

读一读

彩球实验

一位外国的教育家邀请中国的几个小学生做一个小实验。

在一个小口瓶里，放着七个穿线的彩球，线的一端露出瓶子。这个瓶子代表一幢房子，彩球代表屋子里的人。房子突然起火了，只有在规定的时间内逃出来的人才有可能生存。他请学生各拉一根线，听到哨声后要以最快的速度将球从瓶中提出。实验即将开始，所有的目光都集中在瓶口上。哨声响了，七个孩子一个接着一个，依次从瓶子里取出了自己的彩球，实验总共用了 3 秒钟！在场的人情不自禁地鼓起掌来。

这位外国专家连声说："真了不起！真了不起！我在许多地方做过这个实验，从未成功。有时至多逃出一两个球，多数情况是几个彩球同时卡在了瓶口。我从你们身上看到了一种可贵的合作精神。"

梁宇飞的故事

我班有一名学生叫梁宇飞，英语基础特别差。刚开学，老师分学习小组的时候，将我和他分到了一组。刚开始进行英语学习讨论时，梁宇飞总不愿意说，低着头默默地看书，我就和组内其他同学去热心和耐心地辅导他。之后，他便慢慢地能开口了，偶尔也投入进来说一些简单的单词和句子。老师对我们这一组进行鼓励并将我们树作全班学习的典型。我们之间合作得越来越好了：课堂内，常常可以看到我们那一组读得起劲的场景，听到我们响亮的声音，看到我们组成员帮助梁宇飞学习的情景；课堂外，常常可以在教室、在操场看到梁宇飞虚心求教的身影。慢慢地，在英语课堂上可以看到梁宇飞自信地举手，可以听到梁宇飞不甚流利的发音，可以体会到梁宇飞成功的喜悦。当然，梁宇飞也有擅长的一面，比如对数学、科学，在这些学科的学习讨论中梁宇飞也会耐心地给我们讲解。就这样，他不断地进步着，我们小组的每个成员也都在不停地进步着……

在小组或团队中为了完成共同的任务，有明确的责任分工的互助性学习就是合作学习。在合作学习的过程中，同学们不仅可以相互实现信息与资源的整合、扩展和完善自我认知，而且还可以学会与人交往、学会倾听、尊重他人。通过合作学习，我们可以把一件繁琐的事情简单化，有利于节约时间和资源。这种学习方式有利于大家正确认识自己的优点，培养自己的团队精神和合作能力。

合作学习是我们必须掌握的学习方式之一。

1. 你会跟别人合作吗？

2. 在课堂上，你与同桌、小组是怎么合作的？

议一议

合作绝不仅是一种学习方式，也是我们在学习各科知识时应该提倡的一种精神，更是一种生活方式。我们要将合作推广到生活的方方面面。人是社会性动物，如果我们每个人在做某件事情时都能发扬集体的合作精神，那么就会产生更大的力量。

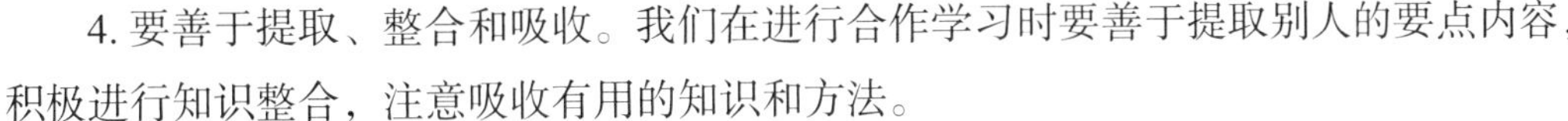

那么，怎样才能成为合作学习的强者呢？主要要做到以下几点。

1. 要有团队意识。严格遵守团队的“规章制度”。

2. 要有自我意识。要正确认识自己，正确评价自己，明确自己的责任、角色和位置。

3. 要有良好的群体相处心态。不要歧视别人，要理解、鼓励别人；别人与自己的意见不同时，要学会倾听、学会宽容他人。

4. 要善于提取、整合和吸收。我们在进行合作学习时要善于提取别人的要点内容，积极进行知识整合，注意吸收有用的知识和方法。

讨论一下，在课堂上，我们应该怎样跟同学进行合作学习？

关于合作的名人名言

1. 万夫一力，天下无敌。——刘基

2. 二人同心，其力断金。——《易经》

3. 五人团结一只虎，十人团结一条龙，百人团结像泰山。——邓中夏

4. 合群永远是一切善良思想的人的最高需要。——歌德

5. 天时不如地利，地利不如人和。——《孟子》

第五节　善于总结和反思

读一读

经常做总结

王唯是个学习很刻苦的孩子，但是，学习成绩却一直无法提高。

王唯爸爸很想帮助他，于是，微笑着对王唯说：“王唯，如果学习上遇到了什么问题就跟爸爸说说，爸爸说不定能帮你点忙。”王唯叹了一口气说：“我也不知道怎么搞的，我已经很尽力去学习了，可是成绩总是上不去。”说着说着，王唯的眼圈都红了，声音还有点哽咽呢！

“哟，干吗？男子汉还想掉眼泪是不是？王唯，你的努力我们都看见了，大家都知道你尽力了。至于成绩没上去，那也不是最重要的，尽力就好，你说是不是？不过，

如果你还希望自己成绩有所提高的话，爸爸这里倒是有一个比较简单的方法，不知道你爱听不爱听？"爸爸说。王唯听爸爸这样说，抬头看了看爸爸，欣喜而坚定地点了点头。

爸爸是这样说的："爸爸的方法就是经常做总结。爸爸自己当年是这样做的：为每一科都建立了一个总结本，这个总结本上的内容分为三个部分。第一部分是错题难题部分。首先，是把自己做错的题记在本子上，并记下错在哪里，在下面写上正确的解题过程，争取以后遇到同样的题的时候不再出错。然后，是把自己不会做的题也记下来，记下自己的思路是在哪里被阻断的。这部分记下来后，每过一段时间就把错题和不会做的题统统看一遍，看看自己有没有犯相似的错误，这样可以总结一下经验教训。

"第二部分是阶段总结。就是每过一个月做一次小总结，主要目的是看看这一个月内自己有什么收获，又有什么失误，哪一点做得比较好，哪一点做得不好，等等。这样可以对每个月的学习过程做一个小小的反思。

"第三部分是学期总结。就是总结自己一个学期以来的学习经验与得失。当一个学期即将结束的时候，回过头看看自己是怎样度过的，哪里进步了，哪里退步了，掌握了哪些学习方法等。"

爸爸最后说："如果你能有条不紊地做好总结，相信你一定可以取得你自己都不敢想象的成绩。"

此后，王唯就照爸爸说的做了一个总结本，经常总结自己的经验得失，成绩果然很快就名列班级前几名了。

留一只眼睛看自己

日本近代有两位一流的剑客，一位是宫本王藏，另一位是柳生义郎，宫本是柳生的师傅。当年，柳生拜师学艺时，问宫本："师傅，根据我的资质，要练多久，才能成为一流的剑客？"宫本回答："最少要 10 年。"柳生说："假如我加倍苦练呢？"宫本答道："那就要 20 年了。"柳生一脸狐疑，又问："假如我晚上不睡觉，夜以继日地苦练呢？"宫本回答道："那你根本不可能成为一流的剑客。"柳生非常吃惊，问："为什么？"宫本答道："要成为一流的剑客，必须永远留一只眼睛注视自己，不断反省自己。现在你两只眼睛都死盯着剑客的招牌，哪里还有眼睛注视自己？"柳生听了，当场开悟，最终成为一名一流的剑客。

说一说

1. 王唯的爸爸教给了他哪些做总结的方法？

2. 柳生为什么最终能成为一名一流的剑客？

做一做

人的一生会经历很多事情，有成功，也会有失败。如果一个人不善于总结和反思，成功便不容易持久，失败也很难变成成功之母。只有从所经历的每件事情中，认真思考，汲取成功的经验，反思失败的教训，从而找到更好的发展之道，我们才可能不断进步。

试着做一做。

1. 读几本在失败中奋起的名人传记。
2. 听爷爷奶奶或爸爸妈妈讲他们年轻时的故事，学会及时总结与反思。

比一比

下面是小芳同学学习的经验。请把你在学习中及时总结与反思的经验也整理出来，比一比，看看谁的更棒。

1. 我对自己的优缺点有清晰的判断。
2. 我总是能从好的事情中总结出经验，从不好的事情中汲取教训。
3. 对于平时学到的知识，我能把它们记住，较好地运用于解答具体题目。
4. 我经常把学到的知识与日常生活中的现象联系起来。

第六节　创新思维

读一读

旱冰鞋的产生

英国有个叫吉姆的小职员，成天坐在办公室里抄写东西，常常累得腰酸背痛。他消除疲劳的最好办法，就是在工作之余去滑冰。冬季很容易就能在室外找个滑冰的地方，而在其他季节，吉姆就没有机会滑冰了。怎样才能在其他季节也能像冬季那样滑冰呢？对滑冰情有独钟的吉姆一直在思考这个问题。想来想去，他想到了脚上穿的鞋和能滑行的轮子。吉姆在脑海里把这两样东西的形象组合在一起，想象出了一种“能滑行的鞋”。经过反复设计和试验，他终于制成了四季都能用的“旱冰鞋”。

莱克的灵感

1893 年，即莱特兄弟发明飞机前十年，一个叫莱克的美国青年历经千辛万苦，造成了一艘形状奇持的小型潜艇：它靠压载物沉入海底，用轮子滚动在海底行进。可这艘形同柜子的潜艇稳定性不佳，莱克苦思冥想，未得其解。

一天，他约了几个亲朋好友到海滩野餐，以便放松一下紧张的神经。酒足饭饱之后，几个人兴犹未尽，玩起了扔酒瓶的游戏。

一场比赛开始了，接二连三甩出去的酒瓶伴随着“扑通”声一个接一个地沉入了海底。谁知，有一个扔得最远的瓶子竟伸着脖子浮在水面上左晃右荡，就是不沉入水中。原来，是一个伙伴搞鬼，他扔出去的是一个剩下半瓶酒的瓶子。机遇偏爱有心人。望着不沉的瓶子，莱克受到了启发，突然产生了灵感：要是增加潜艇的上部浮力，那潜艇不就可以稳定而不沉没了吗？正当大家意欲惩罚他的朋友时，莱克却兴奋地抓着他高声叫道：“谢谢！太谢谢了！”

根据“酒瓶不沉”的原理，莱克马上对原来设计的潜艇进行了改革，发明了双壳体潜艇，获得了成功。

想一想

1. 吉姆制成“旱冰鞋”对你的学习有何启示？

2. 莱克的灵感是凭空来的吗？你觉得他的发明与什么关系最大？

创新思维并不神秘，我们每个人的头脑中都具有创新的思维活动。一个人每一次新的尝试、新的变化，都可视为一种创新性的思维活动。

创新不是发明家才有的专利。对于我们小学生来讲，在成长和学习中学会用各种不同的新思想和新方案来解决问题，是十分宝贵的。

要养成创新思维的习惯，就必须敢于打破常规，善于发现并抓住契机，敢于把想法付诸实践。

请试着做一做。

1. 用多种方法解决同一个问题。

2. 尝试一项以前从未接触过的体育运动，学会它。

3. 每天为自己搭配衣服。

第十一章　六年级行为习惯

第一节　根据自身情况设定目标

📖 读一读

目标对人生影响的跟踪调查

哈佛大学有一个著名的关于目标对人生影响的跟踪调查。调查的对象是一群智力、学历、环境等条件都差不多的大学毕业生。结果是这样的：27% 的人，没有目标；60% 的人，目标模糊；10% 的人，有清晰但比较短期的目标；3% 的人，有清晰而长远的目标。

以后的 25 年，他们开始了自己的职业生涯。

25 年后，哈佛再次对这群学生进行了跟踪调查。结果是这样的：

3% 的人，25 年间他们朝着一个方向不懈努力，几乎都成为社会各界的成功人士，其中不乏行业领袖、社会精英；

10% 的人，他们的短期目标不断地实现，成为各个领域中的专业人士，大都生活在社会的中上层；

60% 的人，他们安稳的生活与工作，但都没有什么特别的成绩，几乎都生活在社会的中下层；

剩下 27% 的人，他们的生活没有目标，过得很不如意，并且常常抱怨他人，抱怨社会，抱怨这个“不肯给他们机会”的世界。

其实，他们之间的差别仅仅在于：25 年前，他们中的一些人知道自己到底要追求什么目标，而另一些人则不清楚或不很清楚自己的人生目标。

两个饥饿的人

从前，有两个饥饿的人得到了一位长者的恩赐：一根钓鱼竿和一篓鲜活硕大的鱼。其中，一个人要了一篓鱼，另一个人要了一根钓鱼竿，于是他们分道扬镳了。得到鱼的人原地用干柴搭起火煮鱼。他狼吞虎咽，还没有品出鲜鱼的肉香，转瞬间，连鱼带汤就被他吃了个精光。不久，他便饿死在空空的鱼篓旁。另一个人则提着钓鱼竿继续忍饥挨饿，一步步艰难地向海边走去。可当他看到不远处那片蔚蓝色的海洋时，他浑身的最后一点力气也使完了，也只能眼巴巴带着无尽的遗憾撒手人间。

一个人只顾眼前的利益，得到的终将是短暂的欢愉；一个人目标高远，但也要面对现实的生活。

说一说

1. 你从哈佛大学关于目标对人生影响的跟踪调查中受到什么启示？
2. 理想和现实，互补与冲突并存。如何把二者有机结合起来，成为一个成功之人？

做一做

确认你要做的事情是什么，这就是你想要的目标。

一个人有了目标，就有了动力，有了责任，有了勇气；如果没有追求的目标，就会变得无聊，孤独甚至彷徨，不知所措。

而一个人没有长期目标，就会变得没有气势；一个人没有中期目标，就会没有精神；一个人没有短期目标，就会变得不勤。有人列出了这样一个公式：目标 = 目标高度 × 达到的可能性。目标低了，不感兴趣；目标高了，达到的可能性就小，就会失去信心。

所以一定要根据自身情况设定目标。设定目标时，既有近期目标，也要有远景规划。近期目标最好是和现实环境保持一种触手可及的距离。远期目标则要多看看别人的成就，以使志向远大。

试着做一做。

1. 给自己设定一个长期目标。
2. 给自己设定一个中期目标。
3. 给自己设定一个短期目标。

写一写

下面是张帅同学的自我评价。参考他的做法，把你对自己的评价也写出来吧。

1. 我把自己认定的目标用一张纸写下来，贴在醒目的位置，以便随时提醒自己。
2. 我常常把自己近期需要做到的事情记下来，做出详细的计划，并争取在规定时间内完成。
3. 我常常会提前做出半年的计划。

4. 我常常被认为是一个有远大目标和志向的孩子。

5. 我喜欢畅想自己未来10年后、20年后、30年后甚至更遥远的生活。

第二节 为实现目标制订可行的计划

读一读

小镇商人

有一个商人，在小镇上做了十几年的生意，到后来，他竟然失败了。当一位债主跑来向他要债的时候，这位可怜的商人正在思考着他失败的原因。

商人问债主："我为什么会失败呢？难道是我对顾客不热情、不客气吗？"

债主说："也许事情并没有你想象得那么可怕，你不是还有许多资产吗？你完全可以再从头做起。"

"什么？再从头做起？"商人有些生气。

"是的，你应该把你目前经营的情况列在一张资产负债表上，好好清算一下，然后再从头做起。"债主好意劝道。

"你的意思是要我把所有的资产和负债项目详细核算一下，列出一张表格吗？是要把门面、地板、桌椅、橱柜、窗户都重新洗刷、油漆一下，重新开张吗？"商人有些纳闷。

"是的，你现在最需要的就是按你的计划去办事。"债主坚定地说道。

"事实上，这些事情我早在15年前就想做了，但是一直没有去做。也许你说的是对的。"商人自言自语道。

后来，他确实按债主的主意去做了。在晚年的时候，他的生意做得很好！

龚颖秋的故事

龚颖秋是个很有个性的人，她从小就不服输，只要是她认准的事就一定要做好。有时，在学习上遇到了难题，她无论思考到多晚，一定会在当天攻克它。该背的课文，哪怕是背几十遍，龚颖秋一定要背会了才罢休。临近高考的时候，龚颖秋发烧住院，一边输液一边看书。

读书的时候，每段时间，龚颖秋都有一个目标。比如，她觉得数学成绩有些落后了，就盯准了班上数学成绩优秀的一个同学，想方设法超过人家。就是这种在单项科目上"盯死"的念头让龚颖秋各科成绩都很平衡，从没有"短腿"。

来到北京外国语学校后，龚颖秋发觉自己的英语口语不好，就积极向同寝室一位口语非常棒的室友学口语，听录音，相互对话。就这样，半年后，龚颖秋的口语已经非常不错了。

在大学里，龚颖秋把自己的时间安排得满满的。她把几乎大部分的时间都留给了图书馆。她每天都要早晚锻炼，并一边跑步一边背英语单词。

📖 说一说

1. 做计划的第一步是什么？请你结合自己的某项计划分析一下。
2. 你认同龚颖秋的做法吗？你学到了什么？

📖 做一做

计划，就是对自己要做的事情，要达到的目标有具体的时间规定，有准备、有措施、有安排、有步骤。

我们每确定一个目标，都应该为之制订相应的可行性计划，并坚持执行，这样目标的达成才会更加高效、有序。

试着做一做。

1. 每天回家先复习，再做作业，然后再玩。
2. 每天睡觉前 10 分钟总结自己的计划和执行计划情况。
3. 合理安排睡眠、运动和娱乐时间。
4. 当天应该完成的任务绝不往后推迟。

第三节　寻求方法坚持到底

📖 读一读

分解难题

早年，美国有一位青年到西弗吉尼亚兰伯堡镇访问。他发现电车只通到离镇子 3 千米远的地方，中间有一条河流，过了河才能到镇上去。经他了解，原来在这条河上造桥很困难，费用也高，电车公司不愿意投入这一大笔钱。后来这位青年又了解到与修桥和线路有关的还有两个单位。一个是铁路公司，当时他们的火车调车地点与一条郡道相交叉，既阻碍交通又易发生事故。若修好电车道，原来的道路就可移到别处，这对他们有好处。另一个是地方政府，如能解决这个交通问题，可提高郡政府的威望。

于是，这位青年便对电车公司领导讲，如果电车公司能投资三分之一，其余三分之二的资金可由他负责解决。结果电车公司很高兴地同意了。接着他又到另外两个单位，也用同样的方法（各投资三分之一）征得他们的同意。前后只用了 5 个月的时间，大桥和线路就修好了，有关三方和市民皆大欢喜。

成功秘诀

1948 年，牛津大学举办了一个主题为“成功秘诀”的演讲会，邀请丘吉尔前来演讲。演讲那天，会场上人山人海，全世界各大新闻媒体都到了。

丘吉尔用手势止住大家雷鸣般的掌声，说：“我的成功秘诀有三个：第一，决不放弃；第二，决不、决不放弃；第三，决不、决不、决不放弃！我的演讲结束了。”

说完，丘吉尔走下讲台。

会场上沉寂了一分钟后，突然爆发出热烈的掌声，经久不息。

这场演讲成为演讲史上的经典之作。这并非丘吉尔故弄玄虚，他是用一生的成功经验告诉人们：成功根本没有秘诀。如果有的话，就只有两个：第一个就是坚持到底，永不放弃；第二个就是当你想放弃的时候，请参照第一个秘诀去做：坚持到底，永不放弃。

想一想

1. 无论任务多么重大、问题多么艰巨，只要把它加以分解，然后一点一点、一步一步地去完成，就一定能够解决它。

想一想在自己的学习实践中，有没有遇到过这样的事情，你是怎么解决的？

2. 成功有没有秘诀？

做一做

树立目标简单，实现目标却很难。除了制订好相应的计划，还要注意用科学的方法促进目标的达成。

要实现自己的目标，没有坚持到底的精神，是不可能成功的。

试着完成以下任务。

1. 爬山时坚持爬到山顶。

2. 看一次完整的日出。

3. 熟练地背诵一篇你喜欢的文章。

4. 自己动手完成一件手工制作。

写一写

根据王珂同学对自己的评价。写出你对自己的评价，比一比谁更棒。

1. 我认为把一个大目标化解成一个个小目标，逐步去实现，会更加轻松有趣。

2. 我喜欢马上把自己的计划付诸行动。

3. 我愿意请父母、老师、同学和朋友监督自己的目标实施情况。如果必要，我会听从他们的良好建议。

4. 我十分确定自己最希望得到的是什么。

5. 我愿意接受别人对自己的评价。

6. 当遇到困难时，我从不气馁。

7. 我愿意踏踏实实做好每件事。

8. 我会依据自身情况设定长期目标、中期目标和短期目标。

第四节　学会尊重平等待人

读一读

回声

男孩第一次去放牛，他和奶牛登上一座高山后，一道山谷展现在面前，茂密的云杉树林尽收眼底。树林里常发出动听的回音，无论何处都不会有如此美妙的声音——男孩对此却一无所知。

男孩开始一边吹奏芦笛，一边为他的奶牛寻找鲜嫩可口的草料。牧歌悠悠，十分悦耳。不料，从远处也传来了芦笛声。男孩不知道这是怎么回事，便四处张望，却不见人影。他便情不自禁地自言自语道:“谁在那儿吹芦笛？”“谁在那儿吹芦笛？”——只听见也有人在问。男孩不知道谁在说话。“你是谁？”他又喊道。“你是谁？”——那边也喊道。他觉得这声音十分耳熟。他不由得暗暗高兴：现在有人可以跟我聊天啦。“上我这儿来！”他喊道。“上我这儿来！”——回声说。“我不能！”他说。“我不能！”——那边也回答道。

就这样，你来他往，一句接一句，持续了大约有一刻钟。这时候，男孩认为这个陌生朋友在捉弄他，于是开始骂对方。对方也开始骂他，双方唇枪舌剑，互不相让。所有的话语都在树林上空回响，都在四处山谷里一清二楚地回荡。

这时候，一个采药的老人恰好从那儿路过。他侧耳细听了半天。过了许久，他问道："孩子，你干嘛如此喊叫？这儿又没人招惹你。""唉！"男孩说，"请告诉我，您认识那个男孩吗？他为什么在那边森林里骂我？简直把我当成了傻瓜，不停地骂我。"采药老人说："我听得一清二楚，这场争端是你先挑起的。谩骂别人的人，别人也同样会回敬他，那么他就得自食其果！"

小女孩给萧伯纳"上课"

一次，英国戏剧家、诺贝尔文学奖获得者萧伯纳漫步在莫斯科街头，遇到一位聪明伶俐的小女孩，便与她玩了很长时间。告别时，萧伯纳对小女孩说："回去告诉你妈妈，今天同你玩的是世界著名的萧伯纳。"小女孩看了萧伯纳一眼，学着大人的口气说："回去告诉你妈妈，今天同你玩的是莫斯科小女孩安妮娜。"萧伯纳一时语塞。

后来，他常回忆起这件事，并感慨万分地说："一个人不论有多大成就，对任何人都应该平等相待，要永远谦虚……这就是莫斯科小女孩给我上的课，我一辈子也忘不了她！"

1. 这位小男孩没有明白怎样的道理?

2. 这位小女孩的话为什么让萧伯纳感慨万分？

做一做

1. 在征得残疾人朋友的允许下，和他们成为朋友。

2. 每个月去敬老院或其他公共场所做一次义工。

写一写

做一个尊重别人的人

1. 相信同学，尊重同学，不猜疑同学，把同学真正当朋友对待，用心对待每一个同学。

2. 多听父母的建议也是对父母最好的尊重。

3. 严于律己，宽以待人。待人要言辞温和。尽量去了解对方的观点。在交往时要使用礼貌用语。与人握手时，力量要适中。

4. 要经常微笑，微笑是人际关系中最佳的润滑剂。

5. 经常赞美别人。

学会尊重别人，最基本的是要从尊重老师做起。作为学生，要谨记“为学莫重于尊师”。老师教给我们知识，批评、指正我们的不足，这些都是为我们好。我们应该尊重、敬爱我们的老师。

学会尊重别人，还要尊重我们的同学和朋友。班集体内的每一个人都应该团结友爱、互相帮助。大家应以集体荣誉为目标，紧密团结，以争创学风、班风最棒的班级为己任。同学之间若产生矛盾，应尽量大事化小、小事化了，免得伤和气。学习优秀的学生要主动帮助学习有困难的同学，同时也要尊重学习有困难的同学；学习成绩不理想的同学，要向班上优秀的同学学习，尊重成绩好的同学。

同学们，你们是不是很想做一个尊重别人的人呢？那我们平时应该怎么做呢？请把你的思考写出来，在小组内进行交流。

第五节　适度消费，珍惜财物

读一读

蚊帐

松下幸之助的生意日益发展后，决定在东京成立个办事处，以便处理日常事务，由妻子的弟弟井植岁男负责管理。

井植岁男到东京以后不久，就给松下幸之助写了一封信。信中说：“东京办事处已经成立，现在已走上正轨了，一切都很顺利。”信末，井植又说东京的蚊子很厉害，他几乎被咬得睡不着觉，只好买了一顶 3 日元的蚊帐。

幸之助看到这儿十分生气，于是，他给井植岁男写了一封措词严厉的批评信。信中说：“以现在松下电器制作所的状况，有 1 日元的帐子用，你就该知足了。而你却买了 3 日元的蚊帐，简直是岂有此理！实在太奢侈了！”

收到信的那一夜，井植岁男躺在蚊帐里久久没有睡着，脑中不时浮现出创业初始时几个人的奋斗情景，他逐渐理解了姐夫的话。

家风

范仲淹小时候家里贫穷，为了读书，他过着十分艰苦的生活。他每天熬一锅粥，冷了凝成粥冻后，用刀切成四块，早晚各吃两块，每餐就用几条咸菜下粥。经过刻苦学习，他成为很有学问的人。他的《岳阳楼记》广为流传，“先天下之忧而忧，后天下之乐而乐”的名句更是家喻户晓。

做官以后，他牢记穷苦百姓，以“先忧天下”为座右铭。他对两个儿子更是严格要求，要他们保持勤俭家风。二儿子结婚前，提出想把婚事办得排场一些，购置一些上等的物品。但他深知父亲的脾气，便列出一张清单征求父亲的意见。范仲淹看后说：“孩子，我不是舍不得花钱，但我们在任何时候都不能丢掉范家的家风，不能忘记‘先忧天下’的信条啊！”一席话说得深明事理的儿子点头称是，忙把清单改了又改。最后办了一个简朴大方的婚礼，受到人们的称赞。

📖 说一说

1. 你觉得松下幸之助是不是太过于小气了呢？假如你是井植岁男，收到这样一封信，会有怎样的感受？

2. 你怎么理解“先天下之忧而忧，后天下之乐而乐”这句话？

📖 做一做

我们大多是独生子女，父母尽其所能为我们创造了最好的生活条件，却也使得很多人不懂得节约，不懂得珍惜身边的财物，不懂得身边的一切都来之不易。有的人只要求穿好的、吃好的、玩好的，却不爱护衣物、随意浪费粮食、对玩具随意破坏或乱丢乱扔。这与节约背道而驰，是要坚决反对的。

节约，就是要自觉、高效地使用金钱和物质财富，量入为出，节省财物，增加积累。不管多么富裕，节约都是必须的。随着社会经济的发展，我们可以吃得越来越好，穿得越来越美，生活得越来越现代化，但这并不表示我们可以随便浪费任何物品。

节约是永远不能丢弃的美德。任何浪费，都是对劳动的亵渎，都是对人类文明的亵渎。

试着做一做。

1. 将自己不需要的物品和同学进行置换。

2. 每个月从零花钱中拿出固定的一部分存起来。

3. 购物前拟定购物清单，不该买的东西不买。

4. 修补一下你经常使用的东西。

5. 把自己用过的仍完好的物品保存起来，找合适的机会，送给需要的人。

写一写

我们怎样才能做到爱惜学习、生活用品，不挑吃穿，不乱花钱呢？请写出你的做法。

第十二章　六年级生活习惯

第一节　热爱劳动

读一读

自己干

15 岁就考上大学的樊晓燕从小就经常听到妈妈说:“你自己干。”她三四岁就自己洗手绢，自己洗碗，并且自己学扫地，整理小床……上中学时自己拆洗被子、棉袄、打毛衣……这种“自己干”的精神使她养成了独立精神，锻炼了意志。大学毕业时写论文，她独自一人在河南乡下跑了 3 个月，拿出 4.5 万字的论文。她说，“自己干”培养了自己的决策能力及办事的迅速性和果断性。

比想象中更能干

20 世纪 30 年代，美国的效率专家兰克•吉尔勃勒斯夫妇生了一打孩子。谈起育儿经历，吉尔勃勒斯夫妇倒显得很轻松。孩子们在很小的时候就学会了自己的事情自己做，四五岁的孩子就承担了洗澡等自我服务劳动。在孩子们看来，麻烦别人是件丢人的事，若不想让兄弟姐妹瞧不起，最好把自己照顾好。家里的公益事业也由孩子们自己来做，不过方式有点特别，一概采用招标制。中标者可以赚点零花钱。由于有 12 个竞标者参与，要少出力气赚大钱压根儿就别指望。

一次，父亲宣布家里要粉刷庭院四周的围墙。这可不是一件轻松的活，利用课余时间，至少要干上三五天。大哥第一个参加竞标，他提出要 200 美元。开了头以后，有提 180 美元的，也有提 150 美元的，价越压越低。最后夺标的是 8 岁的小妹妹，她只要了 8 美元，因为她需要的旱冰鞋正好 8 美元一双。哥哥姐姐们没中标，带有几分遗憾，同时也有点幸灾乐祸。他们知道这项工作的难度，只有小妹妹一个人蒙在鼓里。

从此，小妹妹每天放学都会拎一个小捅，爬上梯子刷墙。刷两三个小时后，孩子的手臂又酸又痛，中途她有些后悔，可她硬是挺了过来。到了第 7 天，她终于完成了任务。小妹妹跑回自己的房间，趴在床上放声大哭，喜悦和委屈的泪水交织在一起。

在吉尔勃勒斯家，劳动已经成为孩子们生活的一部分，他们从孩提时代就感受到了劳动的艰辛和喜悦。童年的经历为 12 个孩子的一生积累了宝贵的财富。

🕮 想一想

1. “自己干”对你的成长会产生怎样的影响？你想试一试吗？
2. 你觉得小妹妹这样做值得吗？为什么？如果是你，能接受这样的劳动方式吗？

🕮 做一做

美国哈佛大学的学者威特伦花费了 40 年时间，追踪观察了 256 名波士顿少年，结论是：从小爱劳动、能干事的孩子成年后，与各种人保持良好关系的比不爱劳动的孩子多 2 倍，收入多 5 倍，失业少 16 倍，健康状况也好得多，生活过得美满充实。因为劳动能使孩子获得各种能力，感到自己对社会有用。

劳动使人的生活充实有趣。学会劳动，热爱劳动，不仅能帮助我们在劳动中学到很多实用的东西，并且能培养我们很多宝贵的品质，比如：责任感、独立性、自信心及珍惜时间和爱惜劳动果实等。

试着做一做。

1. 吃饭时为全家人准备餐具、盛饭，饭后收拾餐具并清洗干净。
2. 给爸爸妈妈做一顿饭。
3. 每周末总结一下自己参加了哪些劳动。

🕮 写一写

下面是小刚同学对劳动的感悟。请把你的劳动感悟也写下来，并作一比较，看谁的更好。

1. 我自己洗衣服。
2. 我会做 10 种以上的家务劳动。
3. 我长期负责承担一两项家务劳动，并且完成得很好。
4. 每逢节假日我都帮助父母做家务、大扫除。
5. 我从劳动中学会了很多书本上学不到的东西。
6. 我享受劳动给我带来的乐趣。

第二节　独立思考

读一读

伽利略与摆的规律

有一次，伽利略站在比萨的天主教堂里，眼睛盯着天花板，一动也不动。他在干什么呢？原来，他用右手按左手的脉搏，看着天花板上来回摇摆的灯。他发现，这灯的摆动虽然是越来越弱，以至每一次摆动的距离渐渐缩短，但是，每一次摇摆需要的时间却是一样的。于是，伽利略做了一个适当长度的摆捶，测量了脉搏的速度和均匀度。从这里，他找到了摆的规律。钟就是根据他发现的这个规律制造出来的。

不同的答案

有一道考题，说："树上有 5 只鸟，猎人打死一只，树上还有几只鸟？"如果孩子回答一只也没有了，就被认为是智力正常。

可是，一个 6 岁的女孩想了想，却回答："树上还有 3 只鸟。"

老师愣住了，问："怎么会还有 3 只鸟呢？"

那女孩回答："鸟爸爸被打死了，鸟妈妈吓飞了，剩下 3 个鸟娃娃不会飞，所以树上还有 3 只鸟。"

此言一出，全场皆惊。谁能说这个女孩的答案不对呢？她的答案多么现实、多么深刻、多么富有感情。

然而，在许多所谓的标准考试中，这样的答案往往被认定为错误。

你弄错了

高斯非常善于思考，这种良好的思维习惯在他小时候就已经表露出来了。高斯的父亲每星期六都要发薪水给工人。有一次，当爸爸正准备发薪水的时候，小高斯站了起来说："爸爸，你弄错了。"然后，他说了另外一个数字。原来小高斯一直趴在地上，暗地里跟着爸爸计算该给谁多少工钱。重算的结果证明小高斯是对的，这把站在那里的大人都惊得目瞪口呆。

说一说

1. 伽利略是一个特别喜欢观察和思考的人，他还有很多类似的逸事。找一本伽利略的传记，读一读，说说你所受到的启发。

2. 如果让你回答《不同的答案》这道题，你会给出怎样的答案？你怎样评价小女孩的答案？

3. 我们应该怎样培养良好的思维习惯？

做一做

爱因斯坦说，学会独立思考和独立判断比获得知识更重要。他还说，不下决心培养思考习惯的人，便失去了生活的最大乐趣。

一个独立的人，首先必须具备独立思考的能力。开动脑筋，独立思考和解决问题，这对独立人格的形成十分有益。

试着做一做。

1. 用 3 分钟仔细观察一个杯子，然后闭上眼睛，尽可能说出它的特征。

2. 仔细看一幅画，写下你所有想到的。

3. 选一个周末全家郊游一次。

4. 看一次日落。

写一写

下面是皓明同学对自己的评价。请你也对自己是否能进行独立思考作出评价，写出来在组内交流。

1. 我仔细观察一件物品后，总是能回忆出很多关键的特征。

2. 我喜欢做一些与记忆、观察有关联的游戏。

3. 面对一件物品，我总是能尽可能多的想出它的用途。

4. 我喜欢参与各种各样的智力游戏。

5. 当我作出某项决定的时候，常常会问自己“还有没有别的方法”。

6. 我喜欢到大自然中去。

7. 我愿意参与家庭重大事件的讨论和决定。

第三节 自我管理

读一读

小花朵的依靠

有一朵看似弱不禁风的小花，生长在一棵高耸的大松树下。小花非常庆幸有大松树作为它的保护伞，为它遮风挡雨，每天可以高枕无忧。

有一天，突然来了一群伐木工人，两三下的工夫，就把大树整个锯了下来。

小花非常伤心，痛哭道："天啊！我所有的保护都失去了，从此，那些嚣张的狂风会把我吹倒，滂沱的大雨会把我打倒！"

远处的另一棵树安慰它说："不要这么想，刚好相反，少了大树的阻挡，阳光会照耀你，雨露会滋润你；你弱小的身躯将长得更茁壮，你盛开的花瓣将一一呈现在灿烂的阳光下。人们会看到你，并且称赞你说，'这朵可爱的小花长得真美丽啊！'"

推开椅子

有一位体育老师，教孩子们溜冰。开始时，一个孩子不知道技巧，总是跌倒。所以，他给了这个孩子一把椅子，让他推着椅子溜。因椅子稳当，可以使他站在冰上如站在平地上一般，不再跌跤。而且可以推着它前行，来往自如。这个孩子想，椅子，真是好！于是，他一直推着椅子溜。

溜了大约一星期之久，有一天，老师来到冰场一看，这个孩子还在那儿推椅子哪！老师走上冰来，一言不发，把椅子从孩子手中搬去。失去了椅子，孩子不觉惊慌大叫，脚下不稳，跌了下去，嚷着要椅子。

老师在旁边，看着孩子在那里嚷，无动于衷。孩子只得自己站稳了脚步。这才发现，他在冰上这么久，椅子也帮他学会了许多，但推椅子只是一个过程，要真学会溜冰，非把椅子推开不可——没有人带着椅子溜冰的。

1. 我们也是一朵小花。想一想，是在大树的庇佑下还是靠自己的力量会成长得更美丽？为什么？

2. 世界上没有人可以支持我们一生。生命中的很多时候我们必须独自面对。想一想，你除了有椅子外，还有什么？

📖 做一做

我们每个人都要长大，都要自立。从小学会自助，凭借自己的力量和经验，完成在日常生活和学习中应该自己必须面对的事情，可以帮助我们克服懒惰心理和依赖思想，学会自我管理，逐渐成为真正独立的人。

学会自我管理

1. 思想上自我管理。努力做到四个“自我”：自我认识，自我要求，自我督促，自我批评。

2. 学习上自我管理。学生的主要任务是学习，学习中需注意提高学习效率。养成良好的学习习惯并学会自我管理是提高学习效率最重要的方法。同学们要在老师和家长的引导下，既要做到惜时、守时，又要加强学习常规训练。

3. 生活上自我管理。（1）自己的事情自己做。（2）养成良好的卫生习惯。

试着做一做。

1. 自己单独生活一个星期。

2. 独自乘公交车一次。

3. 动手布置自己的房间。

4. 为家人的节假日做个周密的计划并负责实施。

第四节　勤俭节约学会理财

挣钱不容易

北京有一对年轻的父母带着刚上小学的女儿去逛街。在一个繁华的路口，有一位老爷爷正在卖《北京晚报》。父亲从口袋里掏出钱交给女儿，让她去买 10 份晚报。孩子买回晚报，父母跟她商量，让她按原价把晚报卖出去，看看要花多少时间才能卖完这 10 份晚报。孩子在父母的帮助下费了几个小时才把 10 份晚报卖出去。然后，父母让孩子去问卖报的老爷爷，卖出一份报纸能赚多少钱。孩子从老爷爷那里知道，卖一份报纸只能赚几分钱。她算了一笔账，花了这么长时间才挣了几毛钱。孩子一下子领悟了父母的良苦用心，她主动对父母说："爸爸、妈妈，我以后再不会随便花钱了，挣钱太不容易了！"

我懂得理财了

以前，我也是家里的"小公主"，喜欢什么就买什么，对于自己的零花钱从来都没有计划。

有一天，我在报纸上看到了《现在的孩子》这篇文章，便如饥似渴地读了起来。文章主要讲了现代的孩子只懂花钱不懂赚钱，不会理财。"理财"是什么意思？妈妈告诉我："理财就是学着自己管理自己的财物，将它们支配得更加有意义。"我听了大受启发，从此以后，我也要学着理财。

我开始把发表作文得来的稿费攒起来，过了一段时间一数有100多元了。为了积攒更多的钱，我和妈妈有了"母女协议"：我通过写作文赚取奖励。我每写一篇优秀作文，妈妈奖励我2元，特优作文奖励5元。另外，我还收集了家里的一些废品去卖，也得到了一笔可观的收入。为了清楚每天的收支，我还自己设计了收支情况登记本，合理管理自己的零花钱。

我把积攒的300多元钱一起交给爸爸，让他存入了银行。不久，爸爸给了我10元钱，高兴地说："孩子，这是你自己赚的钱。"我疑惑不解：我赚的钱？爸爸笑着说："是啊，这是你的存款带来的利息。"我高兴极了，决定以后就把钱存入银行。我用5元钱买了包书纸，把剩下的钱投入了储蓄罐。

爸爸说："不错。开始懂得理财了，以后可以协助爸爸管理家庭的收入与支出了。"我听了心里美滋滋的。

父亲的教育

新泽西银行的创始人法尔瓦诺在他的独子8岁时，就教他如何管理自己的大学教育基金。当孩子15岁时，父亲不幸去世。但所庆幸的是，"父亲教给了我很多规律与法则。"小法尔瓦诺说。从那时起，他就开始独立处理家族的财务事宜。

读了上面的文章，你有哪些收获或感悟？如果让你当一天"爸爸"或"妈妈"，你打算如何胜任？

做一做

许多同学都是父母的掌中宝，他们不懂得钱是父母的辛勤劳动换来的，花钱时大手大脚，没有计划。《小学生守则》规定：生活俭朴，爱惜粮食，不挑吃穿，不乱花钱。

我们不仅要勤俭节约，还要学会管理钱财，不乱花钱。在现代社会，理财是一种生存技能；学会理财，是一种现实的需要。我们每个人要从小树立正确的金钱观念，理智消费，适当理财。

请试着做一做。

1. 当一天家。

2. 花 10 元钱过一整天。

3. 做一份清单，和爸爸妈妈分头购买，然后，比较买回来的物品，看谁买得更物美价廉。

4. 为自己设立一个户头，定期存款。

教你理财

1. 从自身做起，从节约一滴水、一度电、一克煤做起，持之以恒。

2. 花钱要有计划。杜绝在网吧、游戏厅等不正当的地方消费，使不正当的网吧、游戏厅没有生存的土壤。

3. 积极参加简单的实践活动，让自己在劳动中体会赚钱的艰辛，这样在花钱时才会有所节制。

第五节　远离网吧，文明上网

读一读

家里的灯为你亮着

有个女孩沉迷于网络，开始是在家中上网，成绩急剧下降，无论爸爸妈妈如何劝告，女孩就是不听。最后女孩嫌爸爸妈妈唠叨，干脆搬到网吧住了。

一连几天，妈妈没看见女儿，又急又怕。妈妈买了张地图，她把所有网吧都在地图上进行了标注，然后走街串巷地挨个网吧找女儿。日复一日，夜复一夜，不管刮风还是下雨，妈妈从来都没有放弃寻找女儿。由于长期担忧和劳累，妈妈变得面黄肌瘦。

一天深夜，正在网吧上网的女孩，突然在网上看见了一则寻人留言，旁边还有一幅照片，照片上是一个头发凌乱、面黄肌瘦的女人。女孩仔细一看，那个女人正是自己的母亲。女孩突然放声大哭，为自己的出走后悔不已，她起身走出了网吧。

来到自家楼下，已是凌晨。女孩正考虑该不该叫门时，抬头一看，家里的灯仍旧亮着。这时，女孩恍然记起母亲说过："不管你多晚回来，家里的门都时刻为你开着，家里的灯都时刻为你亮着。"女孩心中惭愧不已，决心以后一定不再让父母担心。

从那以后，女孩远离了网络，成绩直线上升，作业也逐渐从"D"变成了"A"。

想一想

假如你是女孩家里那盏一直为她亮着的灯，终于等到女孩回家了，你想对她说些什么？假如你是女孩的母亲，欣喜地看到了女孩的转变，你又想对她说些什么？

说一说

同学们，随着信息时代的发展，网络已经成为我们获取信息的重要渠道。网络是一把“双刃剑”，有的同学可以从网上查阅资料、学到很多有益的知识；有的同学却沉迷于网上聊天、玩游戏，荒废了学业。我们应该正确合理地使用网络，积极学习网络中健康有益的知识，让网络给予我们更多成长中的帮助。

在小组内说一说自己利用网络资源进行学习的体会与收获。召开一次以“远离网吧，文明上网”为主题的主题班会。温馨提示：主题班会可以按下列的环节进行。

做一做

1. 众说纷纭话网络。
2. 真情对话诉心声。
3. 指点迷津明方向。
4. 各抒己见寻良策。
5. 落实行动表决心。

我们该如何上网

1. 控制上网时间，每天不超过 1 小时。
2. 不要沉溺于网络游戏。
3. 文明上网，浏览健康的网站。

第二卷　好品德

第一章　理想

第一节　理想是一个人的奋斗目标

理想是人们精神生活的支柱。崇高的理想可以点燃人们的激情，激发人们的才智，唤起人们奋发向上的勇气。从古至今，凡是有所成就的人，为人类进步事业作出贡献的人，无一不是为崇高的理想所鼓舞，为崇高的理想而一步一个脚印地去努力的。那么我们就应该了解什么是理想，应树立什么样的理想，怎样才能在崎岖的人生道路上去实现美好的理想。

理想，说通俗一点，就是人们的奋斗目标，是人们对未来的憧憬、向往和追求。理想有各种各样的，从理想的内容看，一般可以分为社会理想、道德理想、职业理想、生活理想。社会理想就是指人们对未来社会制度的预见和追求，革命先烈之所以勇于为共产主义事业献出自己宝贵的生命，就是因为他们有追求美好社会的理想；道德理想，是人们所向往和追求的理想人格，张思德、雷锋、焦裕禄、孔繁森等先进模范人物所表现出来的全心全意为人民服务的优秀品质，代表着今天我们的社会道德生活的基本方向，即我们应该向往和追求的理想人格；职业理想是指人们对未来职业及其所要取得某种成就的向往，比如有人想当教师，有人想当科学家，有人想当艺术家……凡此种种，都属于职业理想；生活理想是指人们对一定生活方式和生活标准以及对物质生活、精神生活状况的向往和追求。

从理想的主体看，理想可以分为个体理想和群体理想。个体理想，即每个人自己的理想，从侧面反映着个人的现实和需要，包括个人的社会理想、政治理想、道德理想、审美理想、职业理想、生活理想等；群体理想则是各个社会集团、阶级、民族、国家的共同理想，比如在我国现阶段的共同理想就是建立富强、民主、文明的社会主义现代化国家。从理想实现所需要的时间看，它可分为近期理想、阶段理想和最终理想。比如，建立美好的共产主义社会是无产阶级和全人类的最终理想。就个人而言，做一个道德高尚的人，使自己生活得有意义，是个人的最终理想。有时，个人的理想与全人类的理想是一致的。那时，这些个人的理想尤其显得崇高，正如李大钊、夏明翰、叶挺等千千万万个无产阶级革命先烈那样，他们道德高尚，他们为追求理想所作出的业绩永载史册，光照后人！

从理想的性质看，人生理想还可以分为科学的理想和非科学的理想，崇高的理想和庸俗的理想。一个人要想使自己活得有意义、有价值，最重要的是要努力树立科学的、崇高的人生理想。

第二节　理想是成就大事之本

芸芸众生，真正的天才与白痴都是极少数，绝大多数人的智力水平都相差无几，但在走过漫漫的人生长路之后，有的人在世界上留下盛名，有的人则如同匆匆过客。因此根本的差别不在于天赋，也不在于机遇，而在于我们心中在追求着什么。

理想是同人生奋斗目标相联系的有实现可能的想象，是人的力量的源泉，是人的精神支柱。如果没有理想，岁月的流逝只意味着年龄的增长。

理想就是人的追求，一个人有什么样的理想，将决定着你成为一个什么样的人，因此，伟大的理想是成就大事之本。

化学家诺贝尔为了减轻工地上挖土工人的繁重劳动，决心发明更高效的炸药。他废寝忘食，在四年里做了几百次试验。最后一次试验时，他聚精会神地盯着燃烧的导火线，一声巨响，远处的人们惊叫：“诺贝尔完了！”然而诺贝尔却从浓烟中跳出来，面孔乌黑，身上还带着血，兴奋地狂呼：“成功了！”

那些杰出的人物正是被一种崇高的目标所鼓舞，才产生了惊人的毅力与忘我的精神，是理想的动力激励着他们去努力奋斗。

生活对于那些有追求、有理想的人来说，总是为他们留着出路的。如果一个人有奋斗的目标，有努力的对象，就会知道自己是朝着什么地方前进的。他们比起那些终日游荡不定，不知自己要去往何处的人来说，会有成就得多。没有奋斗的目标，就不可能有迅速的进步，法国伟大的军事家拿破仑曾经说过：“如果一个人不知道自己要往何处活下去的话，他是不会走得很远的。”

第三节　理想不等于幻想

理想是我们人生目标的反映，每个人都应当有自己的理想，只有拥有理想，我们才有前进的方向。但是理想却不等同于幻想，幻想往往脱离现实，缺乏实际存在的依据，包含有大量的不劳而获成分。

我们可以通过自己的努力来实现我们的理想，但是幻想却是人力很难达到的，因为它的生存环境只在人的大脑中。如果脱离了这样的空间，再美好的幻想，都会像池塘中的泡沫，在太阳的照耀下变得粉碎。

我们可以让成功成为我们生活中的组成部分，我们能够使得昨日的理想成为今天的现实。但是，靠愿望和祈祷是远远不够的，必须努力去做才能让我们的理想实现。成天沉迷于幻想的人，整天等待免费午餐的人，只会在消极的白日梦中丧失生命的活力和色彩。

第四节　理想必须切实可行

在生活中，有许多人并不知道自己的能力有多大，要么夸大，要么缩小，所以总是不能把事情做好，因此，只有量力而行才是最正确的选择。纵观历史上的那些成功者，都有一个共同的品质就是既不夸大自己的能力，也不缩小自己的能力，而是实事求是地量力而行，根据自己能力的大小去为自己树立一个相对可靠的理想。我们知道，理想对于成功的作用是非常大的，但是只有可量化的理想才是现实可行的，否则，即使你的理想再宏伟，目标再远大，也只能如海市蜃楼般虚无缥缈。

1960 年曾经轰动全美的老太太昆丝汀·基顿，在 84 岁高龄时，竟然徒步走完了整个美国，人们为她的成就感到骄傲，但也感到不可思议。

有位记者问她：“您是怎么完成徒步走遍美国这个宏大理想的呢？”

老太太的回答是：“嗯，我在一本书里看过一则阿拉伯谚语，里面说‘把你的眼光放短些，可能活的更快活。’所以我的理想一直都只是前面的那个小镇。”基顿老太太的话很有道理，其实，人生亦是如此，我们每个人都梦想自己能够成功，并为了实现这个理想而奋斗，但如果我们的理想和计划不具体，以至于无法衡量是否实现了，那么就会降低我们的积极性。因为向理想迈进是动力的源泉，如果无法知道自己向目标前进了多少，我们便会泄气失去干劲，所以说，奋斗目标必须是具体的可以实现的，这一点很重要。努力奋斗才能使理想成真。

同样的道理，面对困境，我们每个人都会感到恐惧和烦恼，然而除了坚持奋斗，战胜他们，我们别无选择，否则我们的人生理想便无从实现。

第二章　孝敬

第一节　孝敬父母是中华民族的传统美德

孝敬父母是中华民族的传统美德。我国自古就有“百善孝为先”“孝为德之本”的说法。这种说法的意思是：天下众多的美德，孝必列在第一位，孝敬父母、孝敬长辈是美德的根本所在。孝敬父母已成为千百年来人们所奉行的一条基本道德原则。

早在2000多年前,《大学》中说道:“求忠于孝子之门。”说的就是，孝敬父母的人一定忠于国家，忠于国家的人一定是孝子。孔子在《论语·论孝》这篇文章中告诉他的学生们,为人尽孝,第一要将孝心与孝行合一,对父母长辈不但要做到口体的奉养,更要竭尽内心的虔诚;第二要对长辈和颜悦色，要顺心、求教;第三要重视孝道的实践,对老人做到生前孝养。以后的历朝历代，流传下来许多宣传孝道的诗文，成为中华民族传统宝库中极为珍贵的材料。

在中国历史上,不但流传下来许多宣传孝道的诗文,还留下了许多孝顺父母、爱国、爱家的感人事例。南北朝时期，在民间流传着的民间歌谣《木兰诗》就歌颂了爱父亲、爱家乡、爱祖国的一位巾帼女杰花木兰。明代的王冕不仅是一位著名画家，还是一个十分孝顺的儿子。传说王冕出生在一个十分贫困的农家，父亲早亡，他为了减轻母亲的负担,从小就到邻家去放牛,主人家如果有腊肉、熏鱼或别的什么好吃的食品给他吃,他便拿张荷叶包回家孝敬母亲。他把主人家给他的工钱，都给了母亲以维持家里生活。有时母亲给了他一点零花钱，他节省下来，到学堂买书自学。而民间传说“黄香温席”的故事更是孝敬父母的具体体现。

第二节　为什么要孝敬父母

为什么要孝敬父母？因为父母给我们的恩德是诉说不尽的。正如古人说的那样，当一个人还是婴儿的时候，对父母依恋到了极点，父母对子女也是特别地爱护和关怀。父母喂养子女，极尽爱护之心。子女有了伤病，父母全力看护他，甚至不顾惜自己的身体。子女逐渐长大后，父母仍然想着如何尽到自己的慈爱之心。把一个孩子养大成人，父母要付出多少艰辛，呕尽多少心血，这是难以计算的。如果子女不孝敬父母，与飞禽走兽又有什么区别？“慈母手中线，游子身上衣。临行密密缝，意恐迟迟归。谁言寸草心，报得三春晖。”唐代诗人孟郊的《游子吟》，写的正是出行在外的游子思念慈母的心情。这首诗以淳朴的笔调，写出了亲子之爱，反映了人伦的准则。小草沐浴着春天的阳光雨露茁壮成长，犹如子女在父母的羽翼下成长一样。小草尚知道报答春天的恩泽，何况为人子女呢？

我们始终要懂得这么一个道理：千古人伦孝为先。一个不孝敬父母的人，绝不会是一个受人尊敬的人，也不会是一个值得信赖的人，更不可能成为一个有作为的人。

第三节　怎样孝敬父母

首先要在思想上明确必须孝敬父母的道理，并从日常生活中做起。从实际出发，我们提出以下 10 条要求。

1. 自己的事自己办，不给父母添麻烦。
2. 家务劳动帮着干，多为父母减负担。
3. 对待父母有礼貌，早晚起居要问安。
4. 探亲访友离家前，禀（bǐng）告父母莫挂牵。
5. 衣食住行牢牢记，尊长敬老想在前。
6. 艰苦朴素少花钱，不与别人比吃穿。
7. 思想学习勤汇报，恳求父母多指点。
8. 批评教育不顶撞，感谢父母要求严。
9. 养育之恩重如山，儿女责任勇承担。
10. 为人在世品行高，孝敬父母最当先。

这 10 条要求，从“孝敬”出发，在个人的自强、自立，待人接物，劳动习惯，艰苦朴素，勤俭节约等方面提出了要求。如果能切切实实地去身体力行，逐步养成孝敬父母的行为习惯，无论是对自身的道德养成还是人格的形成都是十分有帮助的。

第四节　敬老爱幼与爱的奉献

敬老爱幼也是中华传统美德的一部分。如果说孝敬父母的道德修养是家庭伦理规范的一部分的话，那么敬老爱幼，在家庭成员之间做到互敬互让，在邻里之间互相帮助，等等，就是每个人道德修养的进一步深化和延伸。

对老年人的尊敬、爱护，其含义是非常深远和丰富的。就敬老来说，我们提倡的不是那种不讲科学的“愚忠”“愚孝”，而是有利于维护老年人健康长寿的，带有新时代意义的孝顺和尊敬。老年人在家庭中应处于被尊重和被关怀的位置，我们不应该因老年人社会地位的改变、经济收入的减少、身体健康状况的转化，或者老年人观念上的保守、心理承受能力低等因素而不尊重老年人，甚至歧视老年人。不管老年人是自己家庭中的成员还是社会上老年群体中的一员，我们都应尊重他们。老年人是值得我们尊敬的，应该得到社会和家庭的良好回报，因为他们一生为社会辛勤工作，他们将儿女抚养成人，对社会和家庭来说，他们功不可没。

其实，要做到尊敬老人并不难。在大多数家庭里，亲情浓于血。正如人们所说的那样，“女儿是母亲的贴身小棉袄”，懂事的儿子也可以与父亲亲如兄弟。在现代社会里，两代人、隔代人都是平等的，可以作为知心朋友。敬老、尊老，就老年人而言，不过是需要下一辈的一声问候、一个微笑；做儿孙的主动去看望看望老年人，就能够满足老年人的情感需要，让老年人过上舒心、愉快的晚年生活。至于那些日常生活中遇到的、并非自己家庭成员的老年人，我们应对他们有礼貌，说话和气，过马路、上下车扶一把，在车上能主动让座。总之，处处都要设身处地为老年人考虑一下，让他们感受到社会上时时处处都有人间的温暖和关怀，使他们真正感到晚年生活的充实和温馨。

“爱幼”也是中华民族的传统美德。我们可以从家庭环境和社会环境两方面来理解爱幼的含义。

在家庭中，有兄弟姐妹是一件非常美好的事情。兄弟姐妹的情谊是培养爱心的学校。兄弟姐妹可以组成雄壮的“家庭团队”，这不仅使每个人对前途充满自信，同辈人之间“心桥”相通，而且往往会影响一个人的性格和命运。同辈人之间的爱，对于人的成长是很重要的。而且，兄弟姐妹可以在相处中学习如何表达爱的情感，培养和睦、诚实、纯洁和善良等品质。

兄弟姐妹的爱，是手足之爱。兄弟姐妹之间的关系是横向的，从法律上说，他们并没有相互的责任与义务，但在特殊情况下，却同样需要承担相互间的责任和义务。近期，有报纸报道，一位姐姐移植骨髓给弟弟，以挽救患了白血病的弟弟；中央电视台《实话实说》节目也曾报道，在一个农村家庭中，姐姐把读大学的机会让给了妹妹。这些都是十分生动感人的“爱幼”的事例。至于在平时生活中的关怀和爱护，更是属于平常事。

以上说的是在家庭中的爱幼，而有更深、更广意义的是社会大环境中的爱幼。当前，社区的概念正在走进我们的生活，社区使我们获得邻里关系的崭新感受，社区的发展将提高我们的生活质量，并使我们的心灵和行为习惯得到净化，这中间就体现了人与人之间的淳朴的爱。从广义上讲，在社会群体中爱幼，这种“爱”是更高尚、更圣洁的“爱”。

第五节　孝敬父母与爱乡、爱国

“爱国”是对自己祖国的一种认识、一种意向，反映的是我们和祖国之间的一种内在关系。爱国包括了骨肉爱、乡土爱、民族爱和祖国爱，正是这四者之间的内在交织、相互联结，构成了爱国的总体内容，而对祖国的爱则是核心。列宁曾经说过：“爱国主义是千百年来巩固起来的对自己祖国的一种最深厚的感情。”中华民族数千年来发展的历史，是广大的炎黄子孙与天地斗、与自然斗，建设家园的历史，是与愚昧无知和各种反动势力斗争、争取进步的历史，更是炎黄子孙团结一致，为反抗外来侵略和压迫、维护民族独立和国家主权进行不屈斗争的历史。

“求忠于孝子之门”，这句话从一个角度说明，孝敬父母的人，讲孝道的人，一般来说都具有爱乡爱国之心。从自然实体来看，从爱自己的出生地、居住地到爱祖国的辽阔的自然环境和国土资源，最后形成对祖国自然实体的理性认识；从人文实体来看，从爱父母、爱兄妹、爱邻里、爱他人开始，到爱祖国的传统文化，最后达到对祖国现代化文明的理性思考；从政治、经济实体来看，从爱国家标志物（如国歌、国旗、国徽等），到热爱国家的政治经济制度，最后形成对国家政治经济制度与生活的理性认识。就我们来说，热爱社会主义祖国，热爱人民，热爱祖国的山山水水、一草一木，就是爱乡、爱国的表现。

我们谈爱国还应该与国际主义教育联系起来，加强各民族之间的相互了解和信任。这也是当今世界各民族之间、各国家之间共同发展的需要。各个国家都面临一些共同的问题，如“全球问题”的挑战，要解决这些问题，必须有相互之间的合作与理解。基于此，从20世纪60年代开始，国际理解教育得到蓬勃发展。由爱国推及到爱人类、爱世界和平，这些都已成为全世界大多数文明国家的共识。中共中央在《爱国主义教育实施纲要》中明确指出，我们的爱国主义教育是以“对外开放”为原则，以“促进世界和平和人类进步”为宗旨。提倡国际主义精神，实际上是从全人类着眼，是爱乡、爱国广义上的延伸。

第三章　诚实

第一节　诚实是做人的重要品质之一

中国古代的思想家们极为推崇诚实守信。据《论语》，子贡问孔子治国之道，孔子答曰："足食，足兵，民信之矣。"子贡又问，如果不得已，要在这三者中去掉一个，那么先要去掉哪一个呢？孔子回答："去兵。"子贡再问，如果不得已，再要去掉一个，应去掉哪一个呢？回答："去食。"孔子接着说了句名言："自古皆有死，民无信不立。"

诚实是人的基本品质，也是与人交往的基本态度。它要求人们言行要跟内心思想一致，不虚浮不伪装，说话办事实事求是，讲究信用。可以这么说，诚实是守信的思想基础，守信则是诚实的外在表现。只有内心诚实，做事才会守信用，而且能在做错事情之后敢于承认错误并改正错误。因此，诚实守信，不论在哪个年代，哪个国度，都是一种最受重视和最值得珍视的品德，它的存在时时刻刻影响着人与人之间的关系。

诚实守信是做人最重要的品质之一，它是无法用金钱买到的，而诚信的价值也正在此，这一点可以在许多成功者的身上得到证明。很难想象，一个抛弃了诚信，靠撒谎和欺骗他人的人怎么会在事业上取得真正的成功？

第二节　诚实是中华民族的美德

在中国传统道德中，历来十分重视诚实守信，还强调诚实守信不仅仅是挂在口头上的说教，更是一个人内心所应具备的道德准则。讲诚信、重承诺，是自古以来道德教育的主题，相关的故事更是不胜枚举。其中，古代著名的儒家人物徐积的"心诺"就是最好的典范。有一次，徐积出门购物，先经过一家肉铺，心里想要买这里的肉，但因为还要去其他地方，就暂时没有买。回去时，徐积走了另外一条道路，也看到了一家肉铺，当时就想在那儿买，但这时候他却忽然意识到："我已经在心里许诺了开始那个肉铺，现在又改变主意，这岂不是违背了我起初的心愿吗？"于是绕道回去，仍旧回到原来的那家肉铺。徐积自己后来说："吾上行信，身此始也。""一诺千金""君子一言，驷马难追"等成语，就是中华民族对"信"的执着追求的生动概括。

第三节　诚实是生存的重要法则

从一个人降临到世界的那一天开始，他就不是孤立的，他的生存、发展都离不开周围的人和环境。而要想和这个世界和谐相处，人首先要学会的法则应该是诚实。只有诚实的人才能成为一个受大家欢迎的人，才能真正融入身边的环境。

一位学者曾讲述了这样一件事情：北京某名牌大学的一名学生，在校期间成绩优异，被美国的一所大学录取为博士研究生。到学校不久的一天下午，导师让他从2点到3点在实验室里做实验。实验室里刚好有一部电话，结果他趁导师不在，在这一个小时里，共打了40分钟的长途电话。到了月底拿到电话账单的时候，导师才发现这件事，于是把他叫来询问："那天下午2点到3点，你在做什么？""按照你的要求在做实验。""除了做实验，还做了什么吗？""没有。"结果，这位既犯规又不诚实的优秀学生被校方开除了。

可见，被人信任和信任他人是建立无瑕关系的基础和纽带。哪里有诚实，哪里就有亲密关系。没有这一原则，任何个人或是社会都将无法生存，因为只有诚实的人，才不会虚伪和做作，才不会使别人产生迷惑和不信任感。诚实有助于形成完整统一的生活。同学们对"狼来了"的故事都非常熟悉，那个小孩最终因他不诚实的举动而丢了自己的性命，这是一面很好的镜子。所以我们在心灵上必须保持诚实，否则就会产生自欺和欺人的倾向，习惯于用借口和迂回的解释来使问题变得模糊。如果口是心非，表里不一，就会产生人与人之间的隔阂，造成彼此不愿意被对方接近的局面。有人常认为："我是很诚实的，可没人理解我。"那不是诚实，诚实就像一块无瑕的钻石那般透明，无法隐藏。诚实的价值体现在人的行为之中。正如有句俗话所说："真理之船会摇摆，但永远不会沉没。"即使拥有诚实，船也会时而摇摆，但值得信任的本质会保障这只船永不沉没。

第四节　诚实是事业成功的重要前提

如果一个人养成了诚实、守信的美德，那么在社会上成功的机会就会大大增多。微软中国研究院前任院长李开复在一封公开信中指出：事业要成功，需要恪守一些原则，而这些原则中排在第一的是要坚守诚信、正直的原则。他说他在面试中曾碰到过一个很有才华的中国学生，这个人在技术管理方面很出色，看起来他得到这个职务的机会很大。但是在谈话中这个人悄悄地给李开复表示，如果录取了他，他可以把他公司的一项发明带过来。他看到李开复听了他的这番话后脸色不对时，又补充了一句，这些成果是他下班后用业余时间研究的，跟公司没关系，老板不知道。但是，就是这一番话使得李开复明白了：无论这个人的能力有多强，都不能录用他，也不敢录用他。原因是他缺乏处世的最基本准则，即诚实守信。任何公司雇佣了这种人，都会担心说不定哪一天当他把公司的技术秘密掌握足够多时，又会到另外一个公司去说同样的话，把自己在本公司做的东西献到别的公司去。所以，对公司来说，首先要看这个人有没有诚实守信的道德修养，第二才是才能。如果有才能而不守信，对公司造成的危害比能力差的人更大。

第五节　怎样做到诚实

首先，无论是对朋友、对长辈，我们都要说话算数，言行一致，信守诺言。这样，才有利于在别人心中展示你自己诚实的品德，赢得别人对你的信任，才有利于人与人之间友谊的建立和深化。尤其是在别人有困难或遇到不幸时，给予尽可能的物质援助与精神上的支持，再没有比雪中送炭更能使人永世难忘的了。对待朋友不要互相猜疑，否则容易产生误解；而对朋友的缺点要诚恳指出，“浇花要浇根，交友要交心”。

其次，要学会互相学习。大家知道，现代社会已逐步趋向全球化，自然科学和社会科学各个领域都发展得非常快，你要掌握很多知识、很多信息，就需要很多人帮助，这样你才可能得到更多的机会，也才可能抓住这些机会。所以，我们要善于与人相处，这样才能集众家之所长。如果不善于与人相处，自己有点思想就想保密，不愿让人知道，或者只是希望把别人的好东西学过来，自己的东西却秘而不宣，别人都学不去，这样的人，别人一看就讨厌，不会有人愿意和你好好交流思想。你可能在几次或短时间内，从别人那里学到一些东西，但从长时间的角度来讲，你不可能受到大家的喜欢与尊重。

最后，讲诚实，还要襟怀坦白，严于律己。孔子在《论语·学而》中指出：“吾日三省吾身：为人谋而不忠乎？与朋交而不信乎？传不习乎？”讲的就是这个道理。所以，绝不能把诚实守信当作小节，视同儿戏。对朋友、对他人都要坦诚相见，不能说假话蒙骗过关；做错了事要敢于承认错误，不能采取不承认的态度。在承认错误以后，还应该及时吸取教训，引以为鉴。而且，凡是已经答应的事，应想方设法尽最大的努力去完成，万一情况有变，不能完成，也应实事求是作解释，求得对方的谅解。

人与人之间只有建立在相互真诚、相互信任的基础上，才能换来真正的友情。诚实守信是人际关系得以维系和深化的保证。在平时要做到：坦诚相见，敞开心扉，推心置腹。为人处事不掺和，不做假，不欺人，不捉弄别人，不伪装自己；敢讲真话、实话，力戒大话、空话；说话算数，表里如一，前后一致；守信守约，履行诺言。要诚心、诚朴、诚挚、诚恳、诚实。君子坦荡荡，这样才能获得别人对你的信任，赢得人心，为事业的成功打下基础。

第四章　毅力

第一节　毅力是一种美德

生活不只意味着成功，大多数时候都是失败。我们必须一次次地去做，这就是关于毅力的美德。我们失败、失败、再失败，直到最后获得成功。当我们想从一件事情中退出时，我们总是感到很丧气，这时你的脑海里会响起这样一个声音："如果你一次不能成功，那么再试一次！"这就是毅力，在我们成长的过程中，我们要经常听从这样的声音。

毅力是最容易被低估的美德之一。一个人的才能甚至运气可能对他的成就有很大帮助，但是毅力却可以使你取得更大的成就。那些懂得坚持的人最后在生活中总是能够做得很好。

当然，毅力并不能保证你一定能够得到所追求的奖励。可能你反复练习仍然不能获得冠军，可能你完成了所有的作业仍然不能在测验的时候拿 A。但是你可以通过这些成为一个"更好"的人，这样你才能更有把握在下次比赛、考试中获得成功。

甚至，当你已经达到了目标，你也不要停止尝试。生活中重要的不是目的而是生活的过程，它是一个不断奋进、不断求索、不断从失败中吸取教训与经验，以使自身更加完善的过程，所以达到一个目标之后就应该另设一个更高的目标，并为之坚持努力。

第二节　成功必需毅力

毅力就是在持久的奋斗和拼搏过程中表现出来的百折不挠和坚持到底的意志。著名科学家贝弗里奇说："几乎所有有成就的科学家都具有一种百折不回的精神，因为大凡有价值的成就，在面临反复挫折的时候，都需要毅力和勇气。"学习和科学研究的道路总不可能都是一帆风顺的，总会有曲折，有荆棘，有险阻。

毅力在困难的、枯燥无味的、艰巨的工作中会表现得特别突出，它是人们取得成功的重要保证之一。马克思写《资本论》整整花了40年时间；李时珍写《本草纲目》，跋山涉水，历尽艰险，遍采天下草药；歌德历经60余年才写就《浮士德》，这甚至耗去了他一生的精力，花去了他生命的大多数时间。他们的成功完全是靠顽强的毅力才取得的。有毅力的人，在失败时不泄气，相反地，他们更加坚定、果断地实施当时所拟定的行动计划。爱迪生在试验灯泡时经历了近万次失败后说："这些都不能算是失败，我只是发现了9999种无法适用的方法而已。"然后，他调整了思路，终于发明了电灯，为人类带来了无限的光明。陈毅元帅当年在赣南打游击时，长期被敌人包围，到了"囊中剩米清可数，野菜和水煮"的时候，仍然教育大家"莫怨嗟，稳脚度年华"，他坚信"铁树要开花"，人民一定会胜利。因此，无论是在战争年代的白色恐怖下，还是在"四人帮"的疯狂迫害下，他始终以"大雪压青松，青松挺且直"的豪情同敌人战斗到底，表现出无比刚强的毅力。

古话说："锲而不舍，金石可镂。"无论是良好品德的养成，还是各种基础知识的学习，都需要有顽强不屈的毅力。这中间不可能像游山玩水那样轻松，那样一路欢歌笑语，而是必然会有许多困难。这就需要我们有恒心、有毅力，长期坚持不懈。要取得突出成绩，不是一蹴而就的事，需要我们长时间的努力，没有坚韧的毅力就会半途而废。人的优良品格的养成也要有毅力，如改正自身错误、缺点，都要靠长期努力，才能获得成功。

第三节　为什么要培养毅力

一个人在实现自己目标的过程中，并非都是一帆风顺的，往往会遇到这样或那样的阻碍或干扰。同样的不利情况，对不同的人造成的挫折程度可能是不同的。例如，同样是对待失败这个问题，有的人毫不气馁，而有的人则一蹶不振、灰心丧气，结果情况越来越糟糕；有的人从失败中吸取教训，改变方法，继续努力，以"失败是成功之母"来勉励自己，凭自己的努力和毅力改变落后面貌。我国汉代历史学家司马迁因在朝廷上得罪了皇帝，而遭受了宫刑。这是一种极其残酷、侮辱人格的刑罚，受了这种刑罚活在世上比死了还难受。但是司马迁为了完成《史记》，忍辱含垢，以古代圣贤的遭遇来勉励自己：以前周文王被商纣王拘囚，推演出了《周易》；孔子被困厄于陈蔡之间，作成了《春秋》；屈原被流放时，写成了《离骚》；左丘明双目失明，撰写了《国语》；孙膑被处以膑刑，完成了《孙膑兵法》；秦朝名相吕不韦被迁四川才写成了《吕氏春秋》；韩非子在秦国遭囚禁时著成《说难》《孤愤》。大多古代圣贤都是在逆境中凭着顽强的毅力和坚强的意志获得成功的。司马迁本人也正是蒙受宫刑之后，强忍着肉体和精神上的双重折磨，凭着他顽强的毅力，花了整整18年的心血，才完成《史记》这部历史巨著的。有的人面临挫折时，以消极的方式应对，产生了消沉、倒退、放弃等情绪，这些做法都是不可取的。

我们应该有在逆境中奋起的韧劲和毅力。我们应在学习中奋斗，在生活中奋斗，迎着拂面而来的逆风，冒着劈头砸下的暴雨，一步一个脚印前进，用骨肉磨穿岩石，用血液溶化冰霜，用汗水冲垮樊篱，去赢得最后的成功，去到达理想的彼岸，去登上成功的光辉的巅峰。

第四节　培养毅力应注意的几个方面

1. 树立远大志向

毅力的前提是有志。只有树立远大的志向，才能激发出火一般的热情，充分发挥自己的主观能动性，冲破重重阻力和障碍，为实现自己的志向而奋斗。关于这一点，东汉光武帝刘秀就说过“有志者，事竟成”的名言。古往今来的不少学者在事业上取得成功的业绩，充分证明了这一道理。清代作家蒲松龄落第后，并没有被落第造成的挫折击垮，他落第不落志，仍旧执着地勤奋写作，凭着他坚强的毅力，终于完成了传世名著《聊斋志异》。

2. 要从小事做起

“千里之行，始于足下。”毅力不可能形成于一旦，它是在日常学习、生活和不断实践中逐步培养起来的。换一句话说，我们应当把远大的志向与日常学习、生活的实际联系起来，从小事做起，从我做起，把完成每一项任务都视为向远大目标迈进了一步，把克服生活中的每一个小困难都当成“千锤百炼”磨练毅力的一个考验。一句话，坚持磨练自己的坚强意志。在这一方面，许多杰出人物为我们树立了榜样。我国著名地质学家李四光一向以工作顽强著称，这与他年轻时注意锻炼自己每步走0.8米之类的小事不无关系。道尔顿平生不畏困难，意志坚强，他50年来坚持天天观察气象并由此获益匪浅。

小事情很多，究竟从哪些小事情做起？就从那些自己最容易忽略也最容易暴露自己意志弱点的小事做起。拿每天按时起床，每天记日记，每天坚持锻炼之类的小事来说，如果我们能在任何情况下都不马虎，坚持不懈，不以“身体不佳”“时间太紧”“天气不好”等借口原谅自己，久而久之，就能逐步培养起顽强的毅力来。

3. 坚持体育锻炼

“坚持”本身就是坚强意志、顽强毅力得以养成的重要因素。积极参加体育锻炼是磨练意志、锻炼毅力的有效途径，因为任何一项有一定运动强度的体育活动都是需要毅力的。其次，健全的心理寓于健康的身体中。身体健康、体魄强壮的人，容易养成坚强的意志。

因此，我们应积极参加诸如长跑、游泳、球类等运动，这样做既有利于健全我们的体魄，又有利于培养我们的毅力。

4. 进行自我教育

我们可以选择相关的名言警句，作为自己的座右铭。也可以针对自己的意志弱点，订一些规则、要求来约束自己。还要不断地检讨、反省自己的缺点，扬长避短，培养自己坚强的毅力。譬如写日记就是一种很好的方法。

第五章　责任

第一节　什么是责任

“责任”一般解释为“份内应做的事”，它在生活中无处不在。吃完一支冰棍，自觉地将包装纸投入垃圾桶；遇到不懂的问题虚心求教，诚实而不自欺；做值日，把地扫得干干净净而不是马虎了事；独自离家前把门窗关闭好。这些看来都是些微不足道的事情，然而，就是这些微不足道的小事情，实际上就是具体化了的责任。

人类社会是一个整体，它是建立在个体之间的联系上的。人人都有“份内应做的事”，人人都对社会负有自己应尽的责任。所谓“吾日三省吾身”，说的就是每天要经常检查自己的言行是否有过失，而这种过失，往往就是指丢失的那份责任。经常检查反省，就会使自己融入社会这个大家庭，使人与人之间、人与社会之间的关系稳定地维系，并且不断优化，不断发展。驾驶员认真驾车，把乘客安全地送到目的地，这是对旅客负责任；经营者进行合法的买卖，遵守商业道德，不出售假冒伪劣产品，这是对顾客负责任；环卫工人勤勤恳恳，把大街打扫得干干净净，这是对城市环境负责任，也是对人民负责任；医务人员仔细诊查病人身体，对症下药，及时治疗，这是对病人负责任；报刊杂志记者撰文真实，正确掌握舆论导向，不发假新闻，这是对广大读者负责任……凡此种种，都需要每个人来对整个社会负责。所以责任所涉及的范围是十分广泛的，严谨负责的意义是十分重大的，而责任感的强弱也就成为衡量一个人道德品行好坏的重要标准之一。

古往今来，凡成大器者，无不具有强烈的责任感。大禹“三过家门而不入”，他那一心治水、尽职尽责的精神，为后世之人所敬仰；铁面无私的包青天，秉公办事，执法如山，不徇私情，为官清廉，正因为他有一种对人民高度负责的精神，一切为黎民百姓，“为民父母行政”，所以包拯后来成为人民心目中真正的“父母官”，受到世世代代后人的爱戴；周恩来在中学读书时就树立了“为中华之崛起而读书”的理想，他是抱着“国家兴亡，匹夫有责”的强烈责任感来求学的，这种责任感使他一生都“为人民鞠躬尽瘁，死而后已”，在历史上留下了光辉的一页。这一切都说明了一个道理：古今中外凡是怀有高度责任感的人，都是品德高尚的人。从他们身上，我们看到了“责任”的神圣：那是一种精神上的自我完善，信念上的自我坚定，道义上的自我约束，意志上的自我磨炼，良心上的自我发现。

其实，在我们的日常生活中，大事要负责任，小事也应负责任；伟人有他的责任，普通百姓也有他的责任。责任涵盖着社会生活的每分每秒，每个角落。只有懂得了责任的神圣，明确了责任的含义，才会对自己所做的每件事负责。

爱因斯坦说：“我每天提醒自己，我的精神生活和物质生活都依靠着别人的劳动，我必须尽力以同样的分量来报偿我领受了的和至今还在领受的东西。”因此，不要忘记自己对他人、对社会的责任。当你觉得你是一个有益于他人、有益于社会的人，你自己也就会享受到一种精神上的满足，从而得到人们的尊重。

第二节　承担责任者强

读《三国演义》，经常可以看到这样的情节：主帅点将，欲抵敌军，帐前总会有人站出来唱喏：“吾愿往！”

好一个“吾愿往”。这是主动请缨，主动承担责任的表现，更是有能力战胜对手、充满自信的表现。如果没有杀退敌军的力量，恐怕不敢承担“吾愿往”的重任。

强者承担责任，弱者躲避责任。责任总是与人的能力、人的信念联系在一起的。

责任既是一种精神，是每个人应具备的一种美德，也是一种负担，只要你真正成为这个社会的一分子，它就会不可推脱地落在你的肩上。顾炎武说过：“天下兴亡，匹夫有责。”鲁迅把改造国民精神视为自己的神圣责任。他们不会不知道，这种责任一旦上肩，这辈子将要为它付出自己的一切。

人的成长历史，其实就是能力不断提高、责任不断增强的历史。回避责任，就是拒绝成长，是一种人格的萎缩。

责任从何而来？来自教育、来自文化、来自传统。一个人被车撞倒，肇事者逃逸，逃脱责任。这不仅是道德问题，也是法律问题，是人对自己能力的否定，是对自尊的自我剥夺。这是教育的失败，也是人性的缺失。而过往行人、车辆无一停下向受伤害者伸出援手，这是“多一事不如少一事”“麻木不仁、人情冷漠”的消极文化和传统使然，是对人的责任的回避，是对自己能力的怀疑，也是人的自信力不足的表现。

责任也来自自我意识。有强烈自我意识的人，必然是有自尊和自信的人，也是有能力有责任的人。他不仅不回避责任，而且会积极主动寻求责任。

责任还来自信念。真正的信念是一种内在的精神状态。一个人有了坚强的信念——这是一种无坚不摧的力量——会把整个生存状态提升到更高的层次上。

第三节　怎样把自己培养成一个有高度责任感的人

一、对自己负责

1. 对自己的生命负责

对任何人来说，生命只有一次，因此，应该倍加珍惜，要让这朵生命之花开放得更加鲜艳、美丽，平时应懂得爱护自己的生命。

2. 对自己的身体负责

健壮的体魄是学习和工作的根本，积极参加体育活动是非常必要的。要注意饮食卫生，预防流行性疾病，等等。

3. 对自己的言行负责

“君子一言，驷马难追。”我们应对自己的一言一行负责。

4. 对自己的前途负责

我们要树立远大的目标，脚踏实地，认真学习和工作，懂得只有靠自己的努力才能创造美好的未来。

二、对别人负责

人是社会的组成因素，每个人都要处理好与他人、与集体、与社会的关系，因此就应培养自己的团结协作精神。

三、对家庭负责

家庭是养育自己的摇篮，因此，每个人都有义务对家庭负责。主要表现在以下几个方面。

1. 在家应自觉做一些力所能及的家务劳动，以减轻家人的负担。属于自己的事情尽量要自己完成。

2. 对家庭负责，多和父母、家人沟通，多听取父母、家人对自己学习、生活、思想、品行等方面的指导和意见。

3. 在父母、祖父母、外祖父母等家人、长辈生病时，要主动关心、照顾。

四、对集体负责

每个人都生活在集体之中，集体的利益高于个人利益，因此，我们要对集体负责。

五、对人类负责

对全人类的责任感是中华民族的优良传统，作为人类社会的一员，我们要力求站得更高，看得更远，以更大的责任和担当来维护社会的稳定与和平。

第六章　勇气

第一节　什么是勇气

你觉得自己是有勇气的人吗？身强体壮的人往往显得很勇敢，但其中不乏外强中干者；身体羸弱瘦小的人往往被视为软弱无能，但其中迎击命运的嘲弄、名垂青史的也不乏其人。所以，勇气的一部分是勇敢，但不是全部。

勇气是敢做敢当，勇于承担责任。战国时期，赵将廉颇自以为功高劳苦，瞧不起出身低微的丞相蔺相如，经常刁难他，蔺相如以赵国的安危为重，一再谦让，后来廉颇知道了实情，负荆请罪，勇于承认错误而成为千古美谈。

勇气往往和坚持相关。哥白尼敢于直面当时掌握着生死大权的教会，推翻了自亚里士多德创立并已写进《圣经》里的地心学说，发表了地动学说。这一段路，他足足走了 30 年。勇气常常意味着做自己认为是正确的却不合潮流的事，因而走得很孤独，很艰难。

勇气是能够直面困境，积极乐观地想方设法征服难关的一种品德。中国工农红军在敌人百万大军的围追堵截下，在令人难以想象的恶劣环境中，爬雪山、过草地，走从来没有人走过的路，在中国共产党领导下的红军战士，长途跋涉二万五千里，取得了长征的胜利；而太平天国名将石达开缺乏勇往直前的勇气而魂断大渡河。

有时，身体状况是勇气的一个因素（尽管不是决定性的因素），所以，锻炼体魄是增加勇气的一条途径。邓小平在 70 多岁高龄再度复出时，能挑起全国改革的担子，将国家的经济建设推入发展的快车道，他健壮的身体不能不说是一个重要因素。

意志力是勇气的又一个要素。美国前总统罗斯福一生坎坷，就在他刚刚选上议员时，一场大病使他从此走路一瘸一拐，背上一副沉重的铁架子。但他为了国家、为了事业而坚持不懈，连任四届总统。在即将打败德国法西斯时，默默地坐在工作的椅子上永远闭上了眼睛。所以，磨炼意志力，提高自我控制力，是增加勇气的又一条重要途径。

第二节 勇气从何而来

在革命战争年代，在枪林弹雨、血肉横飞的残酷的战争环境中，勇气体现为一不怕苦、二不怕死的大无畏的革命精神。为了革命的胜利，冲锋时，身先士卒，舍生忘死，像董存瑞那样舍身托起炸药包，像黄继光那样用胸口堵住枪口。毛泽东曾说，这个军队之所以有力量，是因为“为着全民族的利益，而结合，而战斗”。可见革命的勇气是与国家和民族的利益息息相关的。在这里，与民族利益、国家利益相比，个人利益是渺小的，而革命利益高于一切。

勇气从何而来？勇气来自理智，是一种雄辩地表达出来的务实的理智，这种理智体现出对自己文化传统的一种真正的领悟，它强化自己的意志从而做出理智的行为。仅仅具有做好事情的意愿是不够的，我们还必须知道怎样才能做好这些事情。我们需要理智，具有勇气的人并不是什么都不怕的人。笼统地说什么都不怕的人是鲁莽的人，他在紧急情况下往往是成事不足，败事有余。而胆小的人与他恰好相反，性格中缺乏信心而往往过分害怕，但这样的人倒是容易受到先锋模范人物的“激励”而逐渐克服胆小怕事的缺点，逐渐增强勇气，慢慢地成为勇敢的人。

勇气还需要意志，这是产生勇气的真正动力。当我们无法在自己身上找到这种动力时，富有鼓舞力的领袖、英雄模范人物能够帮助我们发现它。

第三节 激发自己，具有真正的勇敢精神

一件事情的成败，往往决定在最后 5 分钟。“行百里者半九十”，说的也就是最后 5 分钟是成败的关键。比如参加长跑比赛的人，开始时不一定跑得很快，但到最后便得鼓足勇气向前直冲，因为成败往往决定于最后的一刹那。

法国有一个造窑的人，花了很多的钱来造窑。但是，一次，两次，三次，他都失败了。最后，钱都花完了，他就把桌子、椅子拿来烧。他的太太起初很愿意帮助他，后来看到他屡次失败，还要继续做，以为他简直是发疯了。可是就在最后一次，他竟然成功了。哥伦布航行于大海中，中途不知道遇到了多少困难，他的同伴也都劝他回头算了，然而他坚持着，直至最后发现了新大陆。你看，最后的时刻是多么的重要啊！

大家都知道，只有克服困难，才能成功。那么，怎样才能克服最后的困难呢？这就必须要有勇气。这种勇气，得从小培养。要使自己具有勇敢的品质，应从以下四个方面做起。

第一，具有健康的身体。健康的身体是一个基本条件，要是身体不好，意志再坚强，也没有支持到最后的可能。如果只有程咬金三斧头的力量，那是不能取得最后胜利的。我们必须使自己具有吃苦的精神，能经受磨难，哪怕是在冰天雪地的艰苦环境里，也能承受。

第二，锻炼坚强的意志。有了健康的身体，再与坚强的意志配合起来，才能克服种种困难，才能百折不挠，勇气百倍。如从前苏格兰和英格兰作战，屡次失败，苏格兰的国王简直是心灰意懒了。但在第七次失败的时候，他看见墙角上蜘蛛结网的情形。它几次织成，几次被毁，然而它还是继续地织，最后终于织成了。苏格兰国王看了就兴奋起来，马上收拾残兵败将，卷土重来，终于战胜了英格兰。只有这种坚强的意志和百折不挠的精神，才能克服困难。

第三，培养科学的态度。实际上，科学的态度是一个人能够成功的保证，历史上有好多事实能证明这个道理。譬如孙中山先生从事革命工作40余年，为了要推翻清政府腐败的统治，他不断地进行活动，无数次的失败，换来的并不是退却，而是继续扩大进攻的规模。为什么孙中山没有被困难和失败征服，而始终坚持革命直到成功呢？原因就在于孙中山先生具有科学的态度。在这种科学态度的指导下，他看清楚了历史的道路，把握住了客观的环境，因而具有百倍的信心，来作为勇敢坚持的最大后盾。可见科学态度的建立，是产生勇敢精神的保证，只有这样理智的勇敢行为才能获得成功。

第四，学会正确的方法。一个成功的人，是最善于运用正确方法的人。所谓正确的方法，是客观的、变化的、因时空条件的不同而善于转变的方法。有一位心理学家曾引述了这样一个例子，把猴子关在笼中，笼中挂着香蕉，旁边有竹竿与木箱。猴子饥饿时想吃香蕉，但太高，取不到，于是它便想出了一个方法，用竹竿来拿香蕉。可是竹竿长度还是不够，香蕉仍旧取不到。这时它又采取另一种方法，站到箱子上，用竹竿取下了香蕉。动物都能用各种不同的方法来完成一项工作，更何况具有聪明才智、遇事更善于动脑子的人类呢？

总之，勇敢是与理智、意志和科学的态度结合在一起的，我们要使自己成为一个勇敢的人，就少不了上面所说的几点。

第七章　忠诚

第一节　忠诚是一种优良品质

在中国的古代，忠诚是一项重要的道德规范。忠诚表现在一个人对祖国、对人民、对他所从事的事业，以及上对君王、下对朋友的尽心尽力。忠诚是古代“君子”的基本品质。在我国历史上，涌现过无数的忠于国家、忠于人民和忠于事业的英雄人物。宋朝的岳飞精忠报国，明朝的张苍水誓死不降，清朝的林则徐为民销烟，等等，这些历史人物个个都有一颗赤胆忠心，人民永远怀念他们。作为中华人民共和国的合格公民，应该拥有“忠诚”这一优良的品质。任何人，无论职位有多高，权势有多大，都要忠于国家宪法和法律，忠于国家和人民的利益。

忠诚本质上是一种坚定不移的信念和坚贞不渝的品德。忠诚表现在对信仰的追求，对国家、对社会主义制度、对中国共产党的热爱，也可以表现在对事业、对友情的执着，等等。忠诚不同于我们常说的“诚实”，诚实是“真心、不说谎”，而忠诚则包含着“坚贞不屈”等更深刻的内涵，所以忠诚比诚实更进一步体现出一个人的品质。除了礼仪上的表现，忠诚与勇气类似，当我们在压力下行事时，它才会更清晰地显示出来。真正的忠诚能承受各种磨难和挫折，能抗拒诱惑，而且在遭受攻击时也不畏缩，不变心。由真正的忠诚而产生的信任常常能陪伴我们一生。

这样的事例是很多的。宋朝政治家、文学家范仲淹写下了“先天下之忧而忧，后天下之乐而乐”的诗句。这句话朴实无华，却闪耀着他大公无私的思想光辉，他是这样说的，也是这样做的。他抛下家室，镇守陕西，屡次击退了西夏、契丹的侵略，保卫了国家的安全。在那“长烟落日孤城闭”的荒山野岭上，他也曾想过家，沉吟过“浊酒一杯家万里”的诗句，然而他想到“燕然未勒归无计”，就在那里餐风饮露度过了半辈子，这难道不是对国家的赤胆忠心吗?

第二节　为什么要忠诚

忠诚可以让人产生超越自我的伟大的情感，为了实现自己的理想和信念，可以忍受艰难困苦，甚至可以流血牺牲。焦裕禄，为了改变兰考县的贫困状况，在任县委书记期间，坚持奋战在农村第一线。为治理内涝、风沙、盐碱三害，不顾重病深入实际调查研究，利用120个日日夜夜，跑遍了13 338个大队，跋涉5000余里考察86个大小风口，丈量了1600个沙丘沙龙，提出了准确科学的治理方案。他忠于党、忠于人民的高尚品质将永远铭刻在人民心中。

高原雪魂孔繁森，放弃内地舒适的工作环境扎根西藏，全心全意为阿里的藏胞造福。在地广人稀的阿里，他以身作则，抢救雪灾，看望山村小学学生，卖血抚养孤儿，送药救老人，扶贫又助残，最后殉职于工作考察途中。孔繁森不愧为忠于祖国、忠于人民的好干部。

许多享誉世界的科学家不仅忠于自己的事业，而且对自己的祖国怀有拳拳赤子之心。两次获得诺贝尔奖的伟大的物理学家居里夫人把自己的一生奉献给她钟爱的物理事业和她的祖国波兰。她发现沥青铀矿中存在着某种未知的放射性很强的新元素，为了找到这种未知元素，她和丈夫居里不顾一切困难，在简陋的棚户般的实验室里，在好几吨的沥青铀矿中艰辛地分离，终于发现了这种新的元素。为了纪念她的祖国波兰，她将它起名钋（Polonium），充分表现出她的一片赤子之情。由于研究中过多地受到放射性元素的照射，居里夫人最终得了白血病而死。她这种忠于科学研究、忠于事业的精神，在世界科学史上永放光芒。

焦裕禄、孔繁森和居里夫人都为人民、为人类作出了贡献，他们为什么能如此坚持不懈地努力呢？那就是因为他们心中有一种对人民、对事业的忠诚，并凭着这种忠诚的品质实现了自己的人生价值。

第三节　忠诚与信仰

信仰是一种相信目前不存在的事会成为事实的信念。信仰与人的世界观、人生观有着密不可分的联系。它是忠诚品质的源泉。坚定不移的信仰可以让人克服难以想象的艰难困苦，并创造奇迹，有的时候，它甚至会彻底改变一个人。崇高的信仰就像一盏明灯，引导人们走出黑暗，走出自我狭隘的圈子，给人生带来光明。

有这样一则故事：20世纪最伟大的音乐家之一帕布斯·卡萨乐斯在过90岁生日时，

身体非常虚弱，肺气肿已十分厉害，呼吸吃力，行走十分困难，连穿衣服也需别人帮忙。吃饭前，他要在钢琴前坐一会儿，他费很大的劲才能坐到钢琴旁的凳子上。浮肿、弯曲的指头按动琴键似乎也很费力，然而，令人惊讶的是，一坐到钢琴旁边，他兴奋了，原来弯曲的手指张开伸展了，背挺直了，似乎呼吸也顺畅了，身体也变得灵活了，仿佛让人觉得是一位健康、强壮、灵活的年轻人，简直与弹琴之前判若两人。

这位音乐艺术家在这样的身体状况下，仍然忠于音乐艺术，音乐已经成为他的精神支柱，融入了他的整个生命。岁月使他年老，但音乐使他的精神超越时空。他对音乐事业是忠诚的，而这种忠诚乃是建立在对音乐的无限信仰之上。

苏联一位普通的共产主义战士奥斯特洛夫斯基，在双目失明的情况下，口述完成了《钢铁是怎样炼成的》这部小说。在小说中记载了他为了实现共产主义而奋斗的一生。书的扉页写了这样一句话："人的一生应当这样度过：回首往事，不因虚度年华而悔恨，也不因碌碌无为而羞愧。"的确，人的生命是短暂的，但能为崇高而伟大的事业奉献自己的青春又何尝不是一件幸福的事？一个拥有信仰、忠于信仰的人，他的生命必将在追求信仰的过程中得到延续。

第四节　忠诚与爱国

爱国就是对自己祖国的忠诚与热爱，它表现在为民族的生存而赴汤蹈火，为国家的繁荣而不懈奋斗，为人民的安居乐业而鞠躬尽瘁。对于祖国的热爱是中华民族几千年来坚韧不拔的民族性格的至高体现，也是无数中华儿女引以为豪的民族情感。

天下兴亡，匹夫有责；国家安危，系于己身。正是因为国家的忠诚卫士前赴后继，赴汤蹈火，保家卫国，忘我奋斗，才使我们中华民族在几千年的风吹雨打后得以生存，傲然屹立于世界的东方。周恩来少年时期就立下了"为中华之崛起而读书"的铮铮誓言；鲁迅先生 21 岁在日本求学期间，写下了《自题小像》诗："灵台无计逃神矢，风雨如磐暗故园。寄意寒星荃不察，我以我血荐轩辕。"表现了作者的一腔热血和为国家、为人民不惜献身的忠勇刚烈的情怀。千百年来，无数名垂青史的政治家、思想家和科学家，从他们求学的青少年时代起，就以炽热的爱国情怀、献身精神来激励自我，获得源源不断的动力。我们是炎黄子孙，我们有责任和义务忠诚于我们的祖国，继承祖先的遗志，为我们国家的强盛而努力奋斗。

第五节　忠诚与事业

事业指为社会的美好前景而从事的活动，它体现了人对一种美好愿望的追求。事业的成功也是人生价值的体现。大凡事业有成的人都富有远见，胸襟宽广，富有为人民服务的奉献精神。正如吴玉章写的诗中所言：“人生在世，事业为重。一息尚存，绝不松劲。”

执着是对事业忠诚的最重要体现。在某一领域里有杰出贡献的人无一不具有执着的追求、坚韧不拔的意志与品质。竺可桢是 20 世纪中国气象学专家，他潜心于气象研究，领导创建了我国第一个气象研究所。而他对事业的忠诚与执着，和他的成就一样，具有很大的影响力。他好学不倦，有时竟到了废寝忘食的地步。1941 年的一个黄昏，他在沙坪坝的小街上散步，忽然看见前面有家书店，他不由自主地向书店走去。书店不大，却摆放着一些外文书籍。随便一翻，发现其中二三十本书用得到，竺可桢于是掏出日记本和笔，伏在柜台上如饥似渴地阅读并做了详细的笔记。书店要关门了，他一再请老板把他反锁在书店里。他就这样在书店里整整熬了一夜。为了摸索出中国的气候规律，他坚持每日亲自到户外测量并记录当地的气象。1974 年 2 月 6 日是竺可桢临终前的一天，他仍不忘作科学研究的记录，在日记上写下这天的天气情况：“气温最高零下 1℃，最低零下 7℃，东风一至二级，晴转多云。”当时他已经不能亲自到户外观测天气，这是依照气象局的报告记录的，所以还注上“局报”两个字。这位卓越的科学家，一直到他的一生即将结束时，还念念不忘他钟爱的气象事业，他对事业的忠诚是我们学习的楷模。

现任美国哈佛大学群体遗传研究室主任、中美生物医学专家协会会长的徐希平，回首自己从一个乡村赤脚医生到美国哈佛大学医学教授的奋斗经历时，不无感慨地指出，一个人的聪明不能取代执着，一个人的教育也不能取代执着，只有执着的决心，才能真正无枉吾生，而行动是检验决心和雄心的最佳办法。

竺可桢、徐希平他们都以自己的聪明才智和对事业的忠诚造福国家、造福人类。但他们的成功不是一朝一夕所能达到的，而是他们持之以恒、几十年如一日的孜孜不倦地追求所达到的。如果缺少这份对事业的坚定执着，朝秦暮楚，心情浮躁，犹豫不决，怎么可能作出如此巨大的成就？成功并非是一件简单的事，它需要艰苦的耕耘，有时甚至要付出一个人毕生的精力。

“千里之行，始于足下。”要想成就一番大业首先要有吃苦精神和奉献于事业的心理准备，绝不可三天打鱼两天晒网，得过且过，一遇困难，就罢手不干。

记得清朝郑板桥写过这样一首赞美竹子的诗：“咬定青山不放松，立根原在破岩中。

千磨万击还坚韧，任尔东西南北风。”竹子的这种高贵的气质不就是那些执着于事业的人们的生动写照吗？

第八章　自律

第一节　自律是中华传统美德

自律是自己给自己制定“纪律”，此时，每个人成了自己的老师。这是一种十分奇特的关系，有着内在的矛盾，许多人都很难处理好它。如果一个人不能把握住自己的言语、行为，不能控制好自己的思想，在风平浪静的日子里或许还体现不出它的危害，但如处在人生的十字路口，要他独自判断是非曲折，他将如何正确把握住这个问题，就显得至关重要了。

自律是中华传统美德的一个内容。在我国古代，人们早已把它提到每个人自我修养的高度来看待。孔子说：“吾日三省吾身，为人谋而不忠乎？与朋交而不信乎？传不习乎？”从谋事、交友、学习三个方面对自己提出了要求，而且这种自定的纪律还相当严格，要做到每天多次反省、检测，看是不是做好了。

不仅孔子有这样的严格要求，著名学者荀子也是这样要求他的学生讲究自律的，“君子博学而日参省乎己，则知明而行无过矣”（《劝学》），说的就是这一点。事实上，从古代延续到今天，历朝历代都十分强调律己这个为人之道。“不为十分人，不责十分事；既为十分人，须责十分事”，就是把律己放到比律他更高的位置上。

清代名相曾国藩在致他的部下李续宜（清军名将）的两封信中都强调了自律这个问题。其中一封信里说：“吾辈若同心竭力，早作夜思，未必不可挽回于万一；大体勤字、诚字、公字、厚字，此吾辈之根本，一刻不可忘。”现在，时代不同了，但信中所说的做人宜从“勤、诚、公、厚”四个字来严格要求，不能不说是做人治事处世的又一“自律”的要求。毛泽东、刘少奇、周恩来、邓小平等老一辈无产阶级革命家，他们都是律己的模范。他们历经艰险，经受革命斗争炮火的洗礼，留给我们的不仅仅是万里江山，还有光明磊落、严于律己的精神。老一辈革命家的这份精神财富是十分宝贵的，我们应继承他们严于律己的优良传统。当然，在当今生活的情况下，讲自律，会丧失许多我们喜欢的、又好又舒服的享受。可是，自律可以使我们致力于养成美德，把自己培养成为一个自强自立的人。

第二节　自律是基本的为人准则

讲自律，就得讲为人准则。一般来说，人们都是以为人准则来反省自己，并以此自勉，借此提高人生的价值的。我们讲律己，应从大的方面（即大目标）着想，从具体的、看得见、摸得着的一件一件实事、一条一条守则上实施，这样做就不会把律己看得很空洞，很玄妙了。实际上，即使是从一个人的一言一行、一个想法也能衡量出一个人的律己能力的。为人准则的大的方面，我们可看作是人生奋斗的大目标。

第三节　律己与良好习惯的养成

什么叫习惯？我们不妨这样说，任何一种思想和行动的方式，只要不假思索，完全出于自发，它就成了习惯，积蓄而成的习惯就成了一个人独有的性格。

教育的精髓在于使有益的行为成为自发自觉的习惯，而且这种习惯来得越早越好，越多越好。这不仅限于心智与心灵方面，身体方面也是如此。一旦错误的想法变成习惯，它对人生就会带来害处。例如忧虑，一般来说也可认为是一种习惯，这种习惯就会不知不觉使我们的情绪和思想变成一种急躁不安、万事牵挂的状态。由错误的想法变成的习惯还有很多，譬如好讥讽别人，不相信一切，嫉妒别人，专找别人的短处，等等。由于这种习惯的存在（不妨说成恶习）会影响个人的身心健康成长，当然更会直接影响与他人的人际关系，频发矛盾和烦恼。

良好习惯的养成与一个人自律能力有关。即使都是在正确的思想指导下付诸行动，有些人自制能力强，能坚持不懈，久而久之就养成了良好的习惯。反之，有些人，同样有正确思想的支配，但缺乏持之以恒的毅力，这种行为时隐时现，断断续续，随着时间的延续，正确的思想慢慢变得淡薄了，即使曾经出现过的好习惯，也会渐渐隐没消失。

我们应努力排除、摆脱由错误的思想所形成的坏习惯。战胜坏习惯，这在一定程度上来说就是战胜了自己不正常的欲望。我们应坚持在正确思想指导下，通过自律养成各种良好习惯。

第九章　谦虚

第一节　谦虚是一种美德

骄傲的人总是会受到别人的嘲弄和厌恶，而谦虚的人，则会受到大家的喜欢。谦虚是一种美德，它体现的不仅是对自己有一个准确的定位，知道天外有天的道理，更是对别人的一种肯定和尊重，不把自己凌驾于别人之上。

第二节　谦虚能使自己进步

懂得谦虚的人，能真正地懂得自己的不足。人不可能是完美的，都有自己的长处，也都有自己的缺点。狂妄的人会把自己当作是万能的；谦虚者，正好与此相反。只有知道了自己的不足在哪里，才有可能把不足弥补，不断完善。

有人问美国女作家维奥斯特最难忘的事是什么，她说："是我 21 岁时的生日。"

接着，她叙述了那天的情景：父亲带我到纽约去玩，我穿上盛装，自觉看起来漂亮极了。途中我进了洗手间，在洗手间里照镜子，得意地不能自已。当我从洗手间出来，姗姗下楼时，人人都在看着我。这时候我只知道自己很漂亮，所以能够如此引人注目。但是，随后我听到身后有响声，回头一看，原来是我的鞋跟上沾着一卷草纸正跟着我滚下楼。

"从那天起，"维奥斯特说，"每当我觉得不可一世时，我总回头看看后面有没有一卷草纸。"

维奥斯特学会了谦虚的品德，这也使她终生受益。正是因为知道自己的不足，她才能不断进取，取得令人瞩目的成就。

第三节　谦虚不等于自卑

谦虚和自卑有着本质的区别。

谦虚需要一种底气来支撑，是在正确认识自己的缺点和长处的基础上，不炫耀自己的长处。因为你要懂得，这个世界上没有谁是最强的，即使是你的长处，也有人比你做得更好;不要将自己的缺点隐瞒，因为只有正确看待自己的缺点，才可能迎头赶上。

谦虚是一种宽厚的胸襟，是一种强者的善良。宽厚的胸襟能让对手心悦诚服地拥戴和情不自禁地敬仰，而善良能容下无端的伤害和浅陋的狂妄。谦卑融于忍耐之中，虚怀嵌入慈悲之间。

谦虚是一种积极的态度；而自卑，则是一种消沉的堕落。

自卑是丧失了进取的信心，把自己看得一文不值，更看不到成功的希望。自卑者永远只能在黑暗中徘徊，却没有勇气迈出走向光明的一步。

一个画家遇到了同行，他对同行说:“唉，你那么出色，年纪轻轻就有了名气。而我根本不是这块料，看来我还是转行算了。”

同行说:“不，不是因为我有才气，而是因为我站在了前辈们给我留下的梯子上，我才能向上攀登得更高。如果没有他们的教导，我也不可能有现在的成就。”

第一个画家是自卑的，他因为一时的失败就完全否定了自己，也失去了进取的信心。而第二个画家才是真正的谦虚，既不张扬自己的成绩，也能正确看到自己的道路。

被人们称颂为“力学之父”的牛顿发现了万有引力定律；在热学上，他确定了冷却定律；在数学上，他提出了“流数法”，建立了二项定理，和莱布尼兹几乎同时创立了微积分学，开辟了数学上的一个新纪元。他是一位有多方面成就的伟大科学家，然而他非常谦逊。

对于自己的成功，他谦虚地说:“如果我比笛卡尔看得远一点，那是因为我站在巨人的肩上的缘故。”

他还对人说:“我只像一个海滨玩耍的小孩子，有时很高兴地拾着一颗光滑美丽的石子儿，真理的大海还是没有发现。”

牛顿是谦虚的，他虽然取得了成就，但却没有骄傲自满，更没有把一切都看作是自己的荣耀。相反,他很明白,他是在前人研究的基础上才有了自己的成功。他的谦虚，是一种胜利者的自律和警醒。

第四节　培养谦虚的品德

要培养自己谦虚的品德，首先必须懂得，自己也是有缺点的，别人也是有长处的，不能总拿自己的长处与别人的短处相比。而应该学习别人的长处，弥补自己的缺点。

每一个狂妄的人都是如此，很难明白自己身上也会有不足和缺陷。相反，总是认为自己是无所不能的，是天下第一。想要培养谦虚的品德，就必须接受这样一个事实：你并非万能的，并非最好的。

知道了自己的不足，才会不把自己看得高高在上，盲目地狂妄；知道自己的不足，才会不断进步，完善自己；知道自己的不足，才会从内心尊重别人，对别人保持一份敬意。

第五节　把谦虚当作一种习惯

书中有无限丰富的智慧和知识。通过读书，你才能理解自己的浅薄和无知，避免骄傲情绪，养成谦虚的品德。

受世人崇敬的周恩来总理，一生谦虚谨慎，平易近人。虽日理万机、公务繁忙，但经常读书到深夜，从未放弃过学习。1960 年，他有一次到上海考察，与电影演员们会面，在亲切交谈中，有同志热情地向他建议："总理，您给我们写一本书吧！"

可他却回答说："如果我写书，就写我一生中的错误，让活着的人们从过去的错误中吸取教训。"

周总理读过很多的书，但越是如此，他越是保持着谦虚的美德，这也是他个人魅力的一部分。

第十章　友谊

第一节　每个人都需要真正的朋友

在这个世界上，恐怕没有人不需要朋友。

一个人儿时需要玩的朋友，长大了需要共事的朋友，年老了需要说话的朋友。我们需要朋友，就犹如鱼儿需要水，生命需要氧气。培根说过："缺乏真正的朋友乃是最纯粹最可怜的孤独，没有友谊的世界不过是一片荒野。"

真正的友情是我们宝贵的财富，为了友情，许多人甚至可以放弃生命。

在第一次世界大战中，一个少尉向营长请示是否可以允许他到战壕外的"无人区"带回倒下的战友。

"可以，"营长说，"但是你要考虑好，你可能因此而送命。为了带回你那多半已经牺牲的朋友，我认为你这样做并不值得。"营长的忠告并没有打消少尉的念头，他冲出了战壕。

这个少尉奇迹般地背着战友返回战壕。就在离战壕仅仅几米远的时候，他中弹了，但是他还是坚持背着战友一起摔进了战壕。营长给少尉检查了伤情，摇了摇头说："我告诉过你了，这不值得。你的朋友已经死了，而你也受了重伤。"

"可这是值得的，长官。"

"什么？值得？你的朋友已经死了啊！"

这个少尉忍着痛楚笑了笑说："是的，他是死了，但我做的是值得的。因为，我到他身边的时候，他还活着。当我抱着他时听到他说：'伙计，我就知道你会来的。'"

这句话让营长大为感动，便向司令部汇报了少尉的英勇行为。很快，总司令便亲自来到战壕，提升了这名少尉，并授予他勋章。这名少尉也因此开始了自己的指挥生涯，他就是在二战中赫赫有名的隆美尔元帅。

当我们看到这个故事，一定会感受到真挚友情所释放出来的巨大能量，可以说，没有朋友和友谊的人生，是遗憾的人生。

在我们的成长过程中，亲情、爱情、友情，犹如三个美丽的天使始终守护着我们的一生。有能够互相帮助的知己，同有一个温馨的家庭、一个关爱自己的伴侣同样重要。

一个真正的朋友，能够在我们最困难的时刻给予我们关怀、给予我们温暖，能够在我们最开心的时刻，分享我们所有的快乐。人海茫茫，朋友难觅，古人曾经感叹“人生得一知己足矣”。我们每一个人都应该学会找寻真正的朋友，珍惜友谊，抓住这一世间最宝贵的财富。

第二节　高尚的友谊能使你不断进步

德国作家席勒说：“友情，是照亮黑暗的灯塔，是生命中必不可少的精神支柱。”在我们的生活中，金子般的友情可以创造出人间奇迹。

澳大利亚游泳名将索普在 13 岁那一年认识了 10 岁的迈克尔。

迈克尔在取得自行车赛冠军的第二天，医生告诉他的家人，他的腹部有一个恶性肿瘤并引起肾衰竭，癌细胞已经扩散到他的脊椎和大脑，死亡似乎只是几小时之后的事情。

那时，索普还不足 15 岁，紧张而枯燥的训练，使得他情绪低落。一天，索普到儿童医院去探望迈克尔，看着迈克尔那张被药物弄得苍白而又浮肿的脸，草丛似的头发，凹陷的眼睛，索普叫他“蜘蛛侠”。这是美国一部电影中具有无限精神力量的英雄，迈克尔像“蜘蛛侠”一样顽强地活着。迈克尔那天精神格外清爽，这个变化是医生和父母都不可能想到的，不可思议的事情在这个失去信心的男孩和这个丧失活下去勇气的男孩之间发生了。

在离开医院之后，“我终于认识到，我错了，”索普对他的家人说，“我的才能该是送给迈克尔的一件礼物，因为我看见了迈克尔，认识到生命的宝贵。”

迈克尔仿佛也有了生活目标，他焦急地企盼着。那天晚上，当索普走上奥运会 400 米游泳比赛的起跳台时，“蜘蛛侠”被牢牢地黏到了电视屏幕上。“希望他能赢……”他念叨着。在现场，索普也拼尽全力，他仿佛听见了迈克尔的喊声，心里默念着：“我一定要赢，我要把这个礼物送给迈克尔！”比赛结束时，他在最后一百米冲刺中赢得了胜利，成了历史上最年轻的奥运游泳冠军。

在你的成长过程中，找到一个学习和生活上的帮手很容易，而获得一个朋友则很难，这两者的价值是不相同的，真正的朋友，可以让你在体验友谊的过程中不断进步。

第三节 信任可以使你拥有更多的朋友

你应当明白这样一个道理，在人与人相处的过程中，如果彼此互不信任，乱加猜忌，只会加深相互间的隔阂。相反，如果给予对方以恰当的信任，便可能赢得对方的尊重，甚至化敌为友。

把生命无条件地托付给曾经将自己的血肉之躯当靶子的对手，共同远离死亡，而且成为了特殊的朋友，这就是信任的巨大力量。因此，只有信任，才能让你拥有更多的朋友。

第四节 避免找到坏朋友

每个人都应当有几本最富深知的好书，就好像自己应当有几个最知心的朋友一样。更重要的是，我们通过结识书籍这样的好朋友，可以让自己和那些品行不端正的坏朋友隔离开来，从而起到避免危险的作用。

乔治·华盛顿是美国的第一任总统。在他小的时候，他经常和几个年龄相仿的孩子一起玩。有一天，华盛顿和亨利、詹姆斯三个孩子一起路过了一所学校。当时学校正在上课，朗朗的读书声从教室里传了出来。教室外面是白茫茫的大地，银装素裹，分外安静。

亨利突然心血来潮地说："要是用一个雪球砸一下教室的门，老师和里面的学生一定会被吓一跳的，这肯定很有意思。"

詹姆斯也随声附和地说："我想这肯定很好玩，但就是害怕被抓住，如果那样可就惨了。他们或许会告诉我们的家人，父亲的皮鞭滋味可不是好受的！"

亨利满脸不在乎，说道："我们怎么可能让他们抓住呢？谁不知道华盛顿的奔跑速度是无人能比的，我看就让他来干这件事，一定不会有什么问题的。"

詹姆斯一脸诡异的笑："你是说乔治吗？他怎么敢做这样的事？他是有名的胆小鬼，难道你不知道吗？"

亨利知道詹姆斯在激华盛顿，他说："来，乔治，拿着这个雪球，让詹姆斯瞧瞧你是不是胆小鬼。"

华盛顿说："并不是我不敢做，而是我觉得这一点也不好玩。"

詹姆斯鄙夷地说："我看你根本就不敢吧？别找什么借口了。"

没办法，华盛顿只好拿起雪球，重重地砸在教室的门上。当老师和孩子们出来的时候，华盛顿像风一样地跑掉了。

亨利和詹姆斯在他身后大声地笑着，一边笑还一边说：“这个傻瓜，我们把他给耍了。”回家后吃完了晚饭，华盛顿一个人趴在床上看书，他在那本他最喜欢的《青年伴侣》中发现了这样的一段话：“如果你是一个真正诚实勇敢的人，你应该知道什么事应该做，什么事不应该做。不要在乎你的朋友怎么说你，你要用自己正直的行动让他们感到惭愧，而不是去听从几个坏朋友的话。”于是华盛顿第二天勇敢地向学校老师承认了错误，并且找到詹姆斯和亨利两个人，宣布从此以后再也不跟他们一起了。从此之后，他再也没有犯过这样的错误。

第十一章　平等

第一节　平等是一切善行的基础

马克·吐温小的时候家里很贫穷，他们家刚刚搬到一个新的地方。一天，家里来了位大婶，手里端着一只碗。她告诉马克·吐温的妈妈，她的家里有三个孩子，其中有一个孩子常年生病在床，要吃很苦很苦的药，那种药的苦味可以让人的舌头变得僵硬。马克·吐温的妈妈说：我们家也不富裕，不过前几天碰巧买了点糖，没有其他像样的东西可送，就只好送你一点糖了。

在那个时代，糖在美国农村是非常稀缺的东西。马克·吐温的妈妈用勺子挖了半碗糖递给她。最后，妈妈提出要借用她家的纺锤三天。马克·吐温妈妈这样做的用意，是为了制造平等。后来妈妈对马克·吐温说："处在困难中的人，要比一般的人更敏感，更自尊。"

平等是一切善行的基础。帮助人，就需要平等的心态和氛围，而不应声张。如果居高临下，别人就好像在接受我们的施舍，心中就必然怀着委屈。

有钱人的尊严只是一种无用的摆设，而受助者的尊严则是抵御风寒的心灵外衣。他们要依靠这层外衣，来抵御在生活中所遭遇的种种匮乏、不平、委屈甚至哀伤。尊严可以让受助者的心灵保持适当的温度，孕育向上的动力、抗争的勇气。因此，我们可以伸出一双手去温暖另一双冰冷的手，但绝对不可以用这双手去剥掉他人心灵的外衣，用受助者的贫困做展览。

第二节　不把自己凌驾于任何人之上

平等包含了双层含义，它的第一层含义就是不把自己凌驾于任何人之上。在我们的生活中，有许多人因为在事业上获得了成功，或是拥有较高的名望，就在心理上产生优越感，产生一种高高在上的感觉，从而经常将自己凌驾于他人之上。每个人都拥有自尊心，而这种凌驾于他人之上的行为，很容易伤害他人的自尊心，从而引起他人的反感。

我们如果观察一下历史，就会发现真正伟大的人，是从来也不会觉得自己很伟大的。正是因为他们意识到自己的渺小，才使他们的形象变得高大。当我们取得一点成绩、拥有一点财富和地位的时候，不要沾沾自喜，更不要得意忘形，不要忘了，我们只是芸芸众生中的普通一员。

第三节　不把自己看得低人一等

尊重自己的人，同样也会受到别人的尊重。正像站在镜子前面一样，你怒他也怒，你笑他也笑。

以平等的眼光看待每一个人，自己才会得到众人的认可，尊重他人就意味着对自己的尊重。而在这个过程中，最重要的就是不把自己看得低人一等。

春秋时期，吴国的公子季扎，是吴王寿梦的小儿子，公子季扎到各国游历。他来到齐国，有一天，走在大路上，前面有一处闪闪放光。他走到跟前一看，原来是一块黄金在日光照耀下反射出的光芒。

他知道这一定是行路人丢失在道路上的。他把君位王权都不放在眼里，对这块黄金更不放在心上。路边有个牧人在放牧。公子季扎想，这块黄金也够牧人花半辈子了，可以不为一家人的吃穿犯愁了，也不用冒着寒暑放牧了。他就高声喊："喂！放牧的老兄，这里有一块别人失落的黄金，你快来捡回家去吧！"

牧人看到公子季扎居高临下的傲气，听到毫无礼貌的呼喊，心中特别反感，就说："你为什么身居高位，却这么小看人呢？看你的相貌像个有德的君子，可是说话为什么如此粗野庸俗呢？"

公子季扎解释说："我可是一片好心，为解除你的生活困境着想啊！"

牧人说："我虽然上面有君王，却不屑去做人臣；虽然有朋友，却不肯前去巴结；在大热天还披着皮袄放牧，是习惯了这种自食其力的生活。我难道是贪财图利、捡拾黄金的人吗？"

公子季扎知道他是位道德高尚的隐士，想和他交个朋友，就说："请问老兄高姓大名？"

牧人对公子季扎不感兴趣，就说："你也是一个以貌取人的庸俗之辈，不值得把我的姓氏名字告诉你！"于是，牧人驱赶着牲畜走了。

公子季扎呆呆地站在那里，望着牧人远去，直到看不见牧人为止。他不由得暗自惊叹：世界上真有安于贫贱、视金钱如粪土的高尚人士，今后可不能以貌取人啊！

第四节　学会尊重别人

美国福特汽车公司副总裁克丽丝在汽车展销室，一位中年妇女走了进来，她说她只想在这儿看看车，消磨一下时间。她说她想买一辆尼桑，可大街上那位推销员却让她一小时以后再去找他。另外，她告诉她打算买一辆白色的双门箱式尼桑汽车，就像她表姐的那辆。“今天是我 55 岁的生日，这是给自己的生日礼物。”她说道。

“夫人，祝您生日快乐！”克丽丝说。然后，她向秘书交代了几句后，又对她热情地说：“夫人，既然您有空，请允许我介绍一种我们的双门箱式白色轿车。”不多久秘书走了进来，递给克丽丝一束玫瑰花。

“尊敬的夫人，祝您生日快乐！”克丽丝说。

那位妇女的眼眶都湿润了，她被克丽丝的言行所打动，感慨地说道：“已经很久没有人给我送花了。”在闲聊中，她对克丽丝讲起了她的遭遇。“那个推销员真是差劲！我猜想他一定是因为看到我开着一辆旧车，就以为我买不起新车。我正在看车的时候，那个推销员却突然说他有事，叫我等他回来，然后就不见了踪影。所以，我就到你这儿来了。”

最后克丽丝成功地向她推销出了那辆双门箱式白色轿车。

从这个故事我们可以知道，尊重别人的行为，会为我们带来意想不到的好处，因此我们在平时的生活中，要多从书籍中、影视作品中学习一些与人相处的技巧，从而让我们在与人打交道的时候更加谦和有礼貌，学会真正地尊重别人。

有一次，英国王室在伦敦举行晚宴，招待印度当地居民的首领，当时还是皇太子的温莎公爵主持了这次宴会。

宴会的气氛非常融洽，达官贵人们谈兴甚欢。可就在宴会结束时，意想不到的事情发生了。当侍者用精巧的银器为每一位客人端来了洗手水时，印度客人们竟以为是喝的水，端起来便一饮而尽。作陪的英国贵族们顿时不知所措，纷纷把目光投向主持人。

温莎公爵神色自若，一边与客人谈笑风生，一边像客人那样“自然而得体”地喝掉了自己面前的洗手水。接着，大家也纷纷效仿，一场尴尬顷刻释然。

第五节　不要看轻自己

1914 年一个寒冷的冬天，一群逃难的流亡者来到了美国加州沃尔逊小镇。长途的辗转流离，使他们每个人都感到疲软无力。朴实而善良的沃尔逊人，都忙着燃炊做饭，友善地款待这群流亡者。镇长杰克逊大叔给一批又一批的流亡者送去粥食，这些人接到东西，个个狼吞虎咽，来不及说一句感谢的话，显然他们已经好多天都没有吃到这么好的食物了。

只有一个年轻人例外，当杰克逊把食物送到他面前时，这个饥肠辘辘、骨瘦如柴的年轻人问："先生，在吃您的东西前，我想帮您干点活。"

杰克逊大叔想，给一个流亡者食物，每一个善良的人都会这么做。于是，他说："不，我这儿的活都已经做完了。"

这个年轻人的目光顿时暗淡下来，他看了看杰克逊手中的食物，然后说："先生，那我便不能随便吃您的东西了。书上说一个人不劳而获便是对自己最大的侮辱，因此我不能没有经过劳动，便平白得到这些东西。"

杰克逊想了想又说："我差点忘了，我家确实有一些活儿需要你帮忙。你先把这些东西吃了吧，这样才有力气干活。"

"不，我现在就做活儿，等做完您的活儿，我再吃这些东西。"那个青年站起来。

杰克逊望着这个年轻人，脸上满是赞赏之情。但他知道这个年轻人已经饿了两天了，再加上一路奔波，已不可能有力气干活了，可是不给他做些活儿，他是不会吃下这些东西的。

杰克逊大叔思忖了片刻说："这样吧，小伙子，你为我捶捶背吧。"

那个年轻人便十分认真地给他捶背。捶了一会儿杰克逊便站起来说："好了，小伙子，你捶得很棒。"说完便将食物递给年轻人。

年轻人这才狼吞虎咽地吃起来。杰克逊大叔微笑着注视着那个青年说："小伙子，我的庄园现在人手不够，我想让你过来帮我的忙，不知道你是否愿意。"

那个年轻人留了下来，他非常认真地帮杰克逊大叔打理庄园的事务，并很快成为一把好手。两年后，杰克逊把自己的女儿珍妮许配给了他，并且对女儿说："别看他现在一无所有，可他将来绝对是个富翁，因为他有尊严！"

果然不出所料，20 多年后，那个年轻人真的成为亿万富翁了，他就是犹太人哈默——赫赫有名的美国石油大王。

当我们处于困境的时候，最需要做的就是保持清醒的头脑和不卑不亢的人格和尊严，千万不能够看轻自己。中国有句古话叫作"自辱者人辱之"，意思就是如果一个人连自己都看不起，又怎么能指望别人尊重你呢？因此，我们需要在故事中吸取有益的人生经验，做一个自重而又有分寸的人。

第十二章　勤俭

第一节　勤俭是一种美德

很多人向一个富翁寻求致富的方法，富翁问他们：“如果你拿出一个篮子，每天清晨向篮子里放十个鸡蛋，当天吃掉九个鸡蛋，最后会怎样呢？”

“迟早有一天，篮子会被装满，因为我每天放进篮子里的鸡蛋比吃掉的多一个。”有人回答。

“致富的首要原则就是在你放进钱包里的十个硬币中，最多只能用掉九个。”富翁笑着说道。

富翁所说的道理其实很简单，就是告诉大家，必须能每天创造财富，而又要节约使用财富，不能把自己的劳动所得全部消耗掉。这样积少成多，才能积累起巨大的财富。

一言以蔽之，这里所说的就是勤俭。勤是勤劳，俭是节俭。勤劳能够创造财富，节俭又能合理使用、节约财富。勤俭自古就是传统的美德，是一种值得人人学习的可贵品质。

一位名叫布兰特的年轻人，大学毕业后一直想进入银行工作，因此他向很多家银行都投递了个人简历。不过，都遭到了拒绝。对于一个没有任何背景的毛头小伙子来说，他遇到接二连三的碰壁是在所难免的。

但是，经过仔细考虑后，布兰特觉得自己还是适合在银行工作，就一如既往地向银行求职。终于有一家银行答应让他试试，布兰特带着欣喜和激动上班了。

有一次，他上班时在银行的大厅看到地上有一枚大头针，就弯腰把它拾了起来，带着它进了办公室。这一幕被银行董事长看见了。董事长随即也来到布兰特的办公室，问他拾起这枚大头针，是担心它无意中会伤到别人吗？

布兰特回答说：“这只是一个原因，还有一个原因，就是因为我的办公室需要它。”

董事长为他的节俭和精细感到很高兴，认为这样的人非常适合做一个银行职员。于是，布兰特到银行工作的梦想变成了现实，董事长当场通知他，实习期已经结束，他可以正式来上班了。

一个懂得勤俭的人，必定能懂得劳动的价值，当然更会珍惜劳动的成果，这种品德将使他终生受益。

第二节　勤和俭缺一不可

勤俭是一种美德，这种美德包含了两方面的内容，一是勤劳，二是节俭。勤劳和节俭同样重要，两者缺一不可。

如果只有勤劳，而缺少节俭，那么到手的财富很快就会失去，难以积存下来。有的人虽然辛勤劳动，能够创造财富，但是却不能积累财富，这同样是一种浪费。

“勤”和“俭”同样重要，不可分割。勤劳是财富的来源，节俭是财富的积累，缺少了任何一样，都难以有幸福的生活。

香港实业家邱德根 20 岁时还是个穷光蛋，25 岁那年与妻子到香港谋生。在经营戏院过程中，买下了大量地皮，不足 30 岁便跻身亿万富豪行列。谈起自己成功的诀窍，他说：“勤俭是我做人的座右铭。”

的确，邱德根不仅勤奋，年纪轻轻就用自己的汗水和智慧创造了大量的财富，还将节俭贯彻到自己的日常生活中。

他的办公室已有 20 多年历史，室内摆设却比办公室的历史还久远，其中很多物品已有五六十年历史，是他当年从家里搬到办公室的。不仅如此，邱德根身上穿的西装竟然还是 20 世纪 60 年代做的，虽然他身形已变，有些不合适，但他觉得无所谓。饮食方面，邱德根也不大讲究，经常和儿子一起吃盒饭。

第三节　勤俭不等于吝啬

节俭是一种美德，可以使我们养成朴素的生活态度。然而节俭并不等于吝啬，花钱应该有一定的限度，不该花的钱坚决不花，该花的钱一点也不能吝惜。

如果节俭超过了限度，就变成了吝啬。吝啬是一种病态，只会使原本可以很轻松的生活变得沉重。并且，吝啬的人总是把所有的目光都盯在财富上，而少了很多生活的乐趣。财富应该是为人们的生活服务的，如果脱离了这个基础，它本身将变得毫无价值。

一个富有却很吝啬的人不幸将自己装有 50 万现金的公文包丢失了，他怎么找也不见，着急得要命，于是只好报警，并声称谁要拾到公文包并交还给他，他将奖给这个人 5 万元现金。

不久，便有人将公文包送到了警察局。富人见到自己的公文包失而复得，心中又生悔意，不想付酬金给拾到公文包的人。因此他计上心来，便对警察谎称说：“包内应有 55 万现金，而现在只有 50 万！”

警察见包外密码锁并没有被开启的现象，其他地方也没有被破坏的痕迹，便对失主说：“你真的确定你的包内是 55 万元现金？”

吝啬的富人毫不犹豫地答道：“的确是的。”

警察于是说道：“如此说来，这个包原来不是你的，因为这里面只有 50 万。你还是先回去等消息吧。按照规定，如果 6 个月内，这个包无人认领的话，它就将归属于捡到它的那个人。”

这个富翁因为过于吝啬钱财，却丧失了自己的诚信，这样的人是失败的，更是可鄙的。哪怕他拥有再多的财富，他的生活也不会美好。

第四节　勤俭应该成为习惯

西汉孝文帝是一位有作为的皇帝，也是一位勤俭的皇帝。他在位 23 年，宫室、园林、服饰、车架等等，什么都没有增加。平时穿的都是粗厚的丝棉混纺衣服，对所宠爱的妃子，也不准她们穿那些长得拖地的衣服，所用的帷帐不准绣彩色花纹，为天下人做榜样。

孝文帝规定，建造他的陵墓，一律用瓦器，不准用金银铜锡等做装饰，不修高大的陵墓。

有一次，孝文帝准备建造一座高台，召来工匠一计算，造价要上百斤黄金。孝文帝说：“百斤黄金相当于十户中等人家的产业，我继承了先帝留下来的宫室，还建造高台干什么呢？”

孝文帝贵为一朝天子，可以说他想要什么就有什么，但是他却没有贪图享受，而是能做天下人节俭朴素的模范。正因为这样，在他统治期间才能天下富足，礼仪兴盛。其实，孝文帝早在登基做皇帝之前就已经是这样了，也就是说，他将勤俭节约培养成了一种习惯，不管自己是什么身份，都能自觉地严格要求自己。在他当太子时，勤于学习，生活条件比起其他的兄弟来都要简朴得多，这种习惯伴随了他一生。

勤俭并非一朝一夕的事情，而是需要把它作为一种习惯坚持下来。不管我们处在什么条件下，富足也罢，贫穷也好，都不能舍弃。

《史记》的作者司马迁对勤俭的品德推崇备至，他说：“勤劳节俭，是发财致富的正道。种田务农是笨重的行业，而秦扬却靠它富甲全州；沿街叫卖是士大夫认为低贱的行业，而雍乐却以此富饶；卖水浆是小生意，而张氏却靠它赚了一千万钱；磨刀是小手艺，而郅氏却靠它列鼎而食；胃食是微不足道的小食品，而浊氏却靠它有成队的车马；给马治病是浅薄的方术，而张里却靠它富得鸣钟佐食。”

在司马迁列举的这些人里面，原本出身都是贫寒且低贱的，他们所从事的职业也大都很不起眼。不过，这些人后来都成了富甲一方的人物，有的甚至可以与公卿相媲美。在他们身上，有一个共同的特点，那就是勤俭。他们虽然职业低微，但都勤勤恳恳，而且生活节俭，远离奢华，最终积少成多，成为富人。

第十三章 惜时

第一节 时间是最宝贵的财富

陆机在《短歌行》曰："人寿几何？逝如朝霜。时无重至，华不再阳。"人生短短几个春秋，说起来也是弹指一挥间。无论干什么事情你都要珍惜时间，切不可慨叹人生的苦短，让时间白白的从你身边流逝。

庄子曰："人生天地之间，若白驹之过隙，忽然而已。"有的人认为短短的人生，若不及时行乐，岂不枉来人生一遭？他们抱着"今朝有酒今朝醉，我歌我笑如梦中"的态度，把时间都在嬉戏中度过，像寄生虫一般。而有的人深深懂得"盛年不再来，一日难再晨"，于是痛感"时不待我"，整天埋头于工作和学习中，使生命的分分秒秒都在充实，都在发光发热，这也正体现了爱迪生的一句话："人生太短，要干的事情太多，我要争分夺秒"。

当然时间也会公正的给这两种人以不同的结果：第一种，终日碌碌无为，落得两手空空，只留下无穷的悔恨；第二种，艰辛的劳作换来的是累累硕果，他们用自己的勤劳和智慧，为国家作出巨大的贡献，社会肯定他们的人生价值，他们也因此而自豪。

至此，谁又能说时间不是一笔巨大的财富呢？珍惜时间会让你做时间的主人，珍惜时间会让你的人生变得绚丽多彩。

第二节 时间一去难再回

时间为什么宝贵？因为时间一去不再回头，失去一次就是永远地失去了，再无挽回的可能。两千年前，大思想家孔子站在河边，望着奔流不息的河水感叹道：逝者如斯夫。

今天的时间过完，就永远成为过去，无情地将你抛在后面。多少人会为昨天的事情悔恨，但是再悔恨也不能改变事实。正因为时间无法停留，而人的生命有限，因此，每过一天，生命就会少一天。时间给了生命如此的紧迫感，以致春秋时期的哲学家庄子说过：人生天地之间，若白驹之过隙，忽然而已。

古往今来，有不少人惋惜时间易逝，于是长叹曰：“光阴似箭催人老，日月如梭趱（zǎn）少年”。的确，时间的流速难以估计，无法形容。一件事情没有做好，你还有重做一次的机会，但是时间却永远不能再重复了。

第三节　学会合理安排时间

我们要懂得珍惜时间，把时间用在有意义的事情上，不虚度光阴，不让一些无谓的事情将时间过多地耗费。不过，如何科学地利用自己的时间，这需要有合理的安排。学会了合理安排时间，就等于抓住了成功的缰绳。

当代昆虫学家亚历山大·亚历山德罗维奇·柳比歇夫，就是一个合理安排时间的高手。他认为时间是世界上最富有，甚至是唯一有价值的东西，他将它视若神明的赐予。

他从自己 26 岁那年起，每天都要核算自己所用的时间，到了月底还要做小结，年终做总结。让人肃然起敬的是，他将这一习惯坚持了一辈子，56 年如一日，直到自己去世的那一天。

没有什么能打乱他的这一习惯——休息、看报、散步、剃胡须……甚至女儿找他问问题，他都要在纸上做记号，一丝不苟地记下用了几分钟。

然后，柳比歇夫想方设法利用每一分钟工作和学习：乘电车时复习需要牢记的知识，排队时思考问题，散步时兼捕捉昆虫，在那些废话连篇的会议上演算数学题……对于自己的读书时间，他安排得更加详细：清晨，头脑清醒，看严肃的哲学、数学等书籍；钻研一个半小时或两个小时后，看比较轻松的读物——历史或生物方面的著作；脑子累了，就看文艺作品。

统计的目的是为了更合理地安排自己的时间，他逐步改进计划表，并把自己最满意的时间段和最不满意的时间段记录下来。这一串串单调、枯燥、乏味的数字凝缩了柳比歇夫的一生，使人看了感觉冰冷和沉重。然而，字里行间，却可以窥视出一个学者对待生活、对待事业严谨认真的态度，对待时间无比的珍惜。

很多人也曾想去做一件事情，但是，总是拖延着不肯行动，或者是遇到了别的事情后，就将自己原来的打算抛到了脑后。要克服这种懒散或是拖沓的习惯，最好的办法就是学会安排自己的时间。具体的方式是：可以给自己制定一份详细的时间安排表。什么时候工作，什么时候休息，什么时候去完成某件事，都记录进去。然后按照时间表去严格执行，绝不被别的事情分心。久而久之，就会养成遵守时间、合理安排时间的习惯。

第四节　珍惜时间，热爱生命

孔子在河边感叹道："逝者如斯夫！不舍昼夜。"意思是：时间就像这奔流的河水一样，不论白天黑夜不停的流逝。寓意光阴似流水一样一去不回，要倍加珍惜。

是啊！我们每个人的人生只是从光阴中借来的一段时光，一切都太匆匆，一切都太短暂。我们不能不珍惜时光，珍爱生命，因为时光不会倒流，因为生命对于每个人只有一次！

孔子一方面感叹时光易逝，往事难再；另一方面以水为喻，勉励我们进德修业都应该像那永不停息的河水一样，孜孜不已，不舍昼夜。

古往今来光阴之叹是我们感到最多的感叹，这种感叹在圣人身上也不例外。子在川上曰："逝者如斯夫！"这是大家都熟悉的一句话，这句话很含蓄，但是里面有多少沧桑？刘禹锡说："人世几回伤往事，山形依旧枕江流。"也就是说苍山不老，但是人心中很多悲怆古往今来川流不息。这就像著名的《春江花月夜》所发出的无端之问："江畔何人初见月，江月何年初照人？人生代代无穷已，江月年年只相似。不知江月待何人，但见长江送流水。""时光如流水，一去不复返；往者不可追，来者犹可惜。"

时间是双重性格的东西，最长也是最短，最慢也是最快，最小也是最大。

据说，伟大的所罗门王有一天晚上做了一个梦，一位先生在梦里告诉他一句话，这句话涵盖了人类的所有智慧，让他高兴的时候不会忘乎所以，忧伤的时候能够自拔，始终保持勤勉，兢兢业业。但是，醒来后却怎么也想不起那句话来。于是他召来了最有智慧的几位老臣，向他们说了那个梦，要他们把那句话想出来，并拿出一颗大钻戒，说："如果想出那句话来，就把它镌刻在戒面，我要把这颗戒指天天戴在手上。"

一个星期后，几位老臣来送还钻戒。戒面上已刻上了一句简单的话："这也会过去。"

第十四章　自信

第一节　自信是一种积极的自我肯定

自信是什么？自信是对自己的一种坚信，一种肯定，是相信自己能够做到最好。自信的人不会轻易被别人的观点所左右，从而丧失自己，迷失方向。

小泽征尔是交响乐指挥家，在一次世界优秀指挥家大赛的决赛中，他按照评委会给的乐谱指挥演奏，敏锐地发现了不和谐的声音。起初，他以为是乐队演奏出了错误，就停下来重新演奏，但还是不对，他觉得是乐谱有问题。

这时，在场的作曲家和评委会的权威人士，都坚持说乐谱绝对没有问题，是他错了。面对一大批音乐大师和权威人士，他思考再三，最后斩钉截铁地大声说："不！一定是乐谱错了！"

话音刚落，评委席上的评委们立即起立，报以热烈的掌声，祝贺他大赛夺魁。

小泽征尔坚信自己的观点是正确的，因此，他面对那么多的权威，也不改变自己的观点。当然，小泽征尔的自信并非是一种狂妄，而是凭着自己深厚的音乐素养。

琴纳是英国医师。他在200多年前，经过证实，用牛痘接种，可以使人免除天花。这一结论在当时遭到多方面的强烈反对，有人说他亵（xiè）渎（dú）神明，有人指责他把人当牲口，有人提议剥夺他行医的权力，有人提议把他开除出医学会。

但琴纳不理会这些世俗的偏见和恶意的攻击，坚信自己的结论是正确的。他说："让人家去说吧，我走我的路！"

事实证明了他的科学结论。琴纳靠自信，打开了免疫学的大门，并因此拯救了无数的生命。

琴纳也是一位充满自信的人，他坚信自己在医学上的发现能够带来一场天翻地覆的革命。但是，很多人对他并不理解，根本不相信他的论点。琴纳没有被别人的反对所吓倒，他坚持探索和研究，终于为人类的健康作出了杰出的贡献。试想一下，如果琴纳不能自信地坚持自己的观点，而是被别人牵着鼻子走，那么免疫学要晚多少年才能问世啊！

第二节　自信是一种强大的力量

他是杂技团的台柱子，凭借一出惊险的高空走钢丝而声名远扬。

在离地五六米的钢丝上，他手持一根中间黑色、两端蓝白相间的长木杆作平衡，赤脚稳稳当当地走过 10 米长的钢丝。他技艺高超，身手灵活，还能从容地在钢丝上做出一些腾跃翻转的动作。多年来，他表演过无数次，从未有过丝毫闪失。

杂技团去外地演出回来的路上，装道具的卡车翻进了山沟，折断了他那根保持平衡的长木杆。团里非常重视，不惜高价找来了粗细相同、长短一致、重量也一样的木杆。直到他觉得得心应手时，团长才请油漆匠给木杆刷上与以前那根木杆相同的蓝白相间的颜色。

又是一次新的演出。在观众的阵阵掌声中，他微笑着赤脚踏上钢丝，助手递给他那根蓝白相间的长木杆。他从左端开始默数，数到第十个蓝块，左手握住，又从右端默数第十个蓝块，右手握紧，这是他最适宜的手握距离。

然而今天，他感到两手间的距离比他以往的长度短了一些。他心里猛地一惊，难道是有人将木杆截短了？不可能啊！

他小心翼翼地把两手分别向左右移动，一直到适宜的距离才停住。他看了看，两手都偏离了蓝块的中间位置，他一下子对木杆产生了怀疑。

这时，观众席上又一次爆发出雷鸣般的掌声，已经容不得他多想。他握紧木杆，提了一口气，向钢丝的中间走去。走了几步，他第一次没了自信，手心有汗沁出。终于，在钢丝中段做腾跃动作时，一个不留神，他从空中摔了下来，折断了踝骨，表演被迫停止。

事后检查，那根木杆长度并没变，只是粗心的油漆匠将蓝白色块都增长了一毫米。

很多时候，我们的自信都是受习惯思维的影响，事物的表面现象左右着我们的固定思维，并不一定是事物的本质发生变化。木杆的长度没有变，但自信的距离改变了。就是这一毫米长度的变化，影响了他的成败。

自信是一种非常强大的力量。有了自信，一个人就有可能爆发出无与伦比的勇气和决心，将一件事情坚持到底。但如果一个人一旦失去了自信，那么他对自己所做的事情，就只会感到迷茫和忐忑，很容易迷失和夭折。

第三节 自信不等于自大

自信是人们做一件事时必须拥有的信念。只有了解自己、坚定自己信念的人，才有希望克服前进道路上的艰难困苦，走向胜利，给自己或更多的人带来新的希望。

但并非做成一件事，就表示你有能力可以完成所有任务；并非你拥有众人羡慕、自以为得意的美丽外表，就能顺利到达你心中的彼岸。有时候，过于自信，没有建立在客观可靠基础上的盲目轻视，往往会造成自己想象不到的后果。这类盲目自信，就是自大。

茂密的森林里，一群山鸡在争夺山鸡国的首领。只见漂亮的山鸡羽毛在林间飞舞，时有血雨飞溅，地上已躺下一片片伤员。两个时辰的激烈战斗，在死伤累累的战场上，山鸡国民和战士们拥戴出一位新的大王。

新上任的大王个头高大威猛，戴着王冠的头颅高傲地扬起，浑身布满光彩闪耀的羽毛，比它的子民们又浓又长又亮，仰着脖子长啸大叫，有点忘乎所以。山鸡大王的胜利宣言正在高唱之中，引来了邻居老鹰的注意，鹰王带队上山祝贺。鹰王挑逗地说："恭喜大王登上王位，无以奉献，献上本派的歌舞表演《鹰爪王之歌》为大王助兴。"

山鸡大王自以为得意，不做戒备。素不知，山鸡和老鹰是宿敌，山鸡本是老鹰赖以生存的主要食物链。鹰爪的劲猛非普通禽爪可比，山鸡大王自信狂妄，疏于防范，被舞蹈中的鹰国军队打了个措手不及，刚组建起来的山鸡政府班子，其骨干成员被鹰国一举歼灭。

第四节 自信需要不断培养

有两位年届 70 岁的老太太，一位认为到了这个年纪可算是人生的尽头，于是便开始料理后事；另一位却认为一个人能做什么事不在于年龄的大小，而在于怎么个想法。于是，她在 70 岁高龄开始学习登山。其中几座还是世界上有名的。最后还以 95 岁高龄登上了日本的富士山，打破攀登此山年龄最高的纪录。她就是著名的胡达·克鲁斯老太太。

胡达·克鲁斯老太太的壮举说明了什么呢？正好说明了一个人如果失去了对自己的信心，那么任何事情都难以做好。但一个人如果充满自信的话，就可以创造奇迹。

朗朗的钢琴一直学不好，都学了半年了，还时不时弹出走调的音节，妈妈为此总给他脸色看。妈妈越唠叨，朗朗越心慌，一坐到钢琴前就紧张。妈妈实在无奈，给城里著名的钢琴教育家肖纳打了个电话，请他给予指导。

星期天上午，肖纳来到朗朗家。先生请朗朗弹首曲子，朗朗心中慌乱，慢慢地走到钢琴前坐下。刚弹完，肖纳就鼓掌称好。

妈妈很吃惊，朗朗弹的曲子弹错了好几处音节，怎么肖纳没有发现呢？妈妈终于开口说话了："朗朗刚才好像弹错了几个音节呀。"

肖纳笑着说："朗朗从来没在生人面前演奏过曲子，有点惊慌，弹的整体感觉很好，很有天赋，我相信他会在不久的将来开办钢琴独奏音乐会。钢琴的事就交给我单独来教他吧。3个月后，我会给你一个令你满意的钢琴演奏天才。"

此后，肖纳每星期都来指导朗朗演奏。在鼓励和指导下，朗朗的钢琴演奏流利顺畅，妈妈已经发现不出变调的音节了。而且，演奏技法有了大的飞跃性进展。3个月后，朗朗在小区的花园里，作了场学习汇报试演奏，小区的人听到窗外传来的美妙钢琴声，纷纷来给朗朗捧场。半年后，朗朗在大剧场举办了个人演奏音乐会。

肖纳先生所做的，无非是鼓励朗朗要自信。正是因为朗朗建立了自信，他才能取得更好的成绩。可见，自信对每一个人来说都是很重要的。

第三卷　学生综合素质评价办法及实施建议

第一章　总则

第一节　寒亭区明德学校学生综合素质评价实施方案（试行）

为保证综合素质评价的客观公正，引导和促进学生全面发展、个性成长，我校根据山东省教育厅《关于完善初中学业水平考试和综合素质评价制度的指导意见》（鲁教基发〔2015〕5号）、潍坊市教育局《关于进一步做好初中学生综合素质评价工作的通知》（潍教办〔2015〕7号）、《关于进一步完善初中学生综合素质评价工作的通知》（潍教函〔2019〕58号）、《潍坊市深化高中阶段学校考试招生制度改革实施方案》（潍教办〔2021〕122号）等文件精神及市教育局相关要求。结合学校实际，落实国家新的课程方案和课程标准，聚焦“双减”要求，发展素质教育，促进学生全面而有个性发展，制订本方案。

一、指导思想与基本原则

以新时期党的教育方针为指导，践行社会主义核心价值观，传承和弘扬中华优秀传统文化，以实现学生的自我认识、自我教育为目标，促进学生全面而有个性发展，促进学校、教师转变教育行为和方式，引导家长和社会逐步形成科学的学生成长发展观。为学生的发展提供强有力的支持和服务，促进素质教育的全面实施。

充分发挥评价的导向功能，综合素质评价工作坚持人本性、客观性、科学性、激励性和导向性原则，坚持“服务育人、民主公开、简约易行”十二字原则，真正发挥综合素质评价对学校教育的重要作用。

二、学校评价机构与工作职责

（一）学校学生综合素质评价工作委员会

1. 人员名单（具体名单每学年初单独公布）

主任：党总支书记、校长

副主任：分管副校长

委员：中层干部 7 名、教师代表 3 名、全体班主任、家长代表 3 名、学生代表 3 名、社会人士 2 名。

2. 工作职责

（1）根据教育局意见，制定本校学生综合素质评价实施方案与具体程序。

（2）认定班级学生综合素质评价工作小组。

（3）对各班级评价工作进行指导与监督，组织公示。

（4）接受学生、家长咨询，受理举报和投诉，及时解决评价工作中的问题。

（二）班级学生综合素质评价工作小组

1. 人员名单（各班具体名单每学年初单独公布）

组长：班主任

组员：成长导师 3 名、学生代表 5 名、家长代表 3 名。

注：学生代表由各个层次成绩的学生、班团队干部组成。

学生代表和家长代表由选举产生，公示 5 天后，无异议，才能确认为小组成员。

2. 工作职责

本班学生进行培训，建立学生综合素质评价档案，指导学生做好成长记录，组织开展班级学生综合素质评价工作，对有关评价数据进行汇总整理，组织学生标志性成果的展示、交流及认定，解答学生与家长的咨询等。

三、评价内容及依据

（一）思想品德

依据《中学生守则》《中学生日常行为规范》及学校制定的有关规章制度，围绕学生在爱党爱国、理想信念、诚实守信、仁爱友善、责任义务、遵纪守法、行为习惯等思想素质与品德发展方面的表现进行评价。重点是学生日常行为、学习和弘扬中华优秀传统文化、接受法治教育和国防教育，参与团队活动、社团活动、公益劳动、志愿服务等情况，以及参与各类教育活动中的表现和成果。

（二）学业水平

依据《国家课程标准》，围绕学生各门课程基础知识、基本技能掌握情况及运用知识解决问题的能力，以及学习习惯、学习态度、学习行为、创新意识、创新能力等进行评价。重点是学生参与国家课程、地方课程和学校课程修习情况，包括学习品质、学习成绩、研究性学习经历与创新成果等。

（三）身心健康

依据《学生心理健康教育指南》及《国家学生体质健康标准》，围绕学生的健康生活方式、体育锻炼习惯、身体机能、运动技能和心理素质等方面进行评价。重点是学生的《国家学生体质健康标准》测试结果，体育运动特长项目，参加体育运动的效果和成果，以及健康生活养成方式、人际交往、青春期适应、应对困难和挫折的表现、安全知识、安全意识和相关技能等。

（四）艺术素养

依据艺术类《国家课程标准》，围绕学生对音乐、美术等艺术学科的日常学习情况以及由此产生的审美感受，理解、鉴赏和表现的能力等方面进行评价。重点是学生在音乐、美术、舞蹈、戏剧、戏曲、影视、书法等方面表现出来的兴趣特长和艺术素养，参加艺术类活动的经历和成果等。

（五）劳动与社会实践

依据《中小学综合实践活动课程指导纲要》和教育部关于印发《大中小学劳动教育指导纲要（试行）》的通知（教材〔2020〕4 号），围绕学生在劳动与综合实践活动中的课程修习情况以及由此涉及的劳动习惯、实践经历等方面进行评价，重点关注学生参加各类劳动与社会实践活动，如日常生活劳动、生产劳动、服务性劳动、研学实践、社会调查、设计制作、职业体验以及其他团队活动等的次数、持续时间、完成的工作以及展现出来的能力等情况。重点关注劳动与社会实践活动过程表现及形成的成果。

四、评价方式、时间及结果呈现

评价包括“日常评价、学期评价、毕业评价”。

（一）日常评价

日常评价以完成“写实记录”和收集过程性实证材料为主，同时进行学生自评和同伴互评，评价结果不纳入学期评价。

1. 写实记录

主要包括“学生写实记录”和“班级写实记录”，“学生写实记录”由学生本人进行填写，“班级写实记录”由班级教师和学生进行填写，在一项活动结束或一个时间阶段结束后进行，也可随时进行。

2. 学生自评

学生本人使用“正向评价量表”进行自评，在期中考试后一周和期末考试前一周进行一次，各班级根据需要，也可每月进行评价。

3. 同伴互评

使用“正向评价量表”进行互评，可以在期中考试后一周和期末考试前一周各进行一次，各班级根据需要，也可每月进行评价。

（二）学期评价

学期评价包括质性评价和量化评价两部分，每学期末进行。

1. 质性评价

质性评价内容包括思想品德、学业水平、身心健康、艺术素养、劳动和社会实践五个维度，以学生正向评价量表自评、互评和写实记录为基础，用学生、教师（导师）写实性评价报告的形式呈现。

2. 量化评价

（1）学生日常行为表现评价（10 分）

此项评价采用主观评价的形式，依据班级常规管理记录，由同伴互评小组、班主任共同完成，同伴评价、班主任评价满分均为 5 分。

（2）学业水平（20 分）

①主观评价（5 分）。各学科教师根据学生课堂表现、学业表现等方面进行评价。

②客观评价（15 分）。由班主任牵头依据标准进行核算。学生参加学科实践活动的学分按满分 10 分折算、文化课各学科期末检测成绩（包括语文、数学、英语、物理、化学、道德与法治、历史、地理、生物）按满分 5 分折算。学生学业水平评价成绩 = 学生学科实践活动得分 + 各学科成绩得分。

（3）身心健康（只对运动与健康做量化评价）（20 分）

①主观评价（5 分）。由体育教师及维度评价小组根据学生日常体育锻炼和素养发展等情况进行评价。

②客观评价（15 分）。由体育教师牵头进行核算，学生体育课出勤率按满分 3 分折算；参加校级及以上部门组织的体育活动所得学分按满分 6 分折算，体育测试成绩按满分 6 分折算。学生运动与健康评价成绩 = 体育课出勤率得分 + 参加活动得分 + 体育测试成绩。

（4）艺术素养（20 分）

①主观评价（5 分）。由音乐、美术教师及维度评价小组根据学生音乐、美术日常学习情况和素养发展情况等进行评价。

②客观评价（15 分）。由美术、音乐教师牵头核算：学生美术、音乐课出勤率按满分 3 分折算；参加校级及以上教育部门组织的美术、音乐活动所得学分按满分 6 分折算；美术、音乐测试成绩按满分 6 分折算。美术、音乐各占 50%。学生艺术素养评价成绩 = 出勤率得分 + 活动得分 + 测试成绩得分。

（5）劳动与社会实践（20 分）

学校劳动与社会实践维度的评价由学生的劳动与综合实践活动课程获得的学分汇总得出，实践课程评价由实践课程科任教师完成，班级评价小组进行相关学分的汇总。

①考察探究（5 分）：每学期完成学校规定的考察探究实践活动并提交研究报告及实证材料。

②社会服务（含服务性劳动）（5 分）：在校内有自己的服务岗位；每学期参与学校规定的社会服务活动并提交活动实证材料。

③设计制作（含生产劳动）（5 分）：每学期按学校要求完成信息技术创作作品及创意手工制作，并提交作品实证材料。

④职业体验、团队活动及其他（含日常生活劳动）（5 分）：每学期按学校要求参与职业体验并提交实践实证材料；参加学校组织的团队活动及其他活动并提交实践实证材料。

（6）标志性成果（10 分）

学校每学期末以班级为单位，进行学生个人的标志性成果交流展示活动，展示时需提供标志性成果的实证材料。班级评价小组成员进行相关成果的认定及赋分。

①标志性成果是指学生在学校生活学习成长过程中取得的有代表性的成果，如三好学生、优秀团员、科技创新大赛获奖、在报刊发表作品等。我校标志性成果按综合类（荣誉称号）、学科类分别赋分，满分 10 分。各类称号、获奖等以学校推荐、各级教育部门组织的为准，发表作品以正式报刊为准。

②学生获得省级及以上教育行政部门颁发的综合类荣誉成果，经学校素质评价委员会认定，标志性成果评价可一票认定为满分。学生参加社会机构组织评选的获奖不在认定范围。有异议的，提请学校综合素质评价工作委员会研究认定。

（三）毕业评价

毕业评价包括质性评价和量化评价两部分，量化评价将学生 6 个学期的评价结果分别按规定权重合成得出毕业评价结果。

1. 质性评价

质性评价毕业前两周进行，以学生、教师撰写学生毕业评价报告的形式呈现。包括《自我陈述报告》与《教师评价报告》。

2. 量化评价

将学生七、八、九三个学年的“学期评价”结果分别按 2:3:5 比例计算，得出学生的“毕业评价”结果。为计算方便，学期评价等级 A、B、C、D 分别按赋分 10、8、5、2 进行计算。

学生毕业评价成绩以等级呈现，划分为 A、B、C、D 四个等级，并单独反馈每个学期等级。

（四）评价结果呈现

学生综合素质评价结果以 A、B、C、D 四个等级形式呈现。其中 A 等为年级总人数的 50%，B 等人数为年级总人数的 40%，C、D 等共 10%，严格控制 D 等人数。

五、一票认定办法

（一）一票肯定

若符合以下条件之一，本学期综合评价一票肯定为 A 等级。

1. 个人先进事迹特别突出，受到上级教育行政部门表彰，社会影响较大的。

2. 在某个方面表现特别突出，受到学校表彰的。

（二）一票否定

1. 如果出现以下违纪情况，本学期综合素质“学期评价”，不能认定为 A 等级。

（1）考试作弊，证明作假，学业成果及作品抄袭他人。

（2）打架骂人，泄露散布篡改他人信息，造谣诽谤污蔑损害他人和学校名誉。

（3）偷窃侵占他人财物，破坏公共设施，浪费公共资源。

2. 如果出现以下重大违纪情况，本学期综合素质“学期评价”，可以一票认定为 D 等级。

（1）故意损坏公共财物，行为恶劣。

（2）侮辱、谩骂老师。

（3）敲诈、欺凌等不良行为，屡教不改。

（4）违反学校规定，对学校造成重大影响。

一票认定的学生名单，经班级学生综合素质评价工作小组提请学校学生综合素质评价委员会审议，审议通过后，公示无异议，结果纳入评价。

六、学期评价、毕业评价成绩计算办法

（一）学期评价成绩计算办法

学期评价成绩以等级呈现，并单独反馈每个维度等级。

学期评价成绩 = 学生日常行为表现（10%）+ 学业水平（20%）+ 运动与健康（20%）+ 艺术素养（20%）+ 社会实践（20%）+ 标志性成果（10%）。

学生等级分配以班级人数的 40% 作为各班级认定 A 等的基础指标，另外 10% 的比例按照学期班级考核情况予以分配；以班级人数的 40% 分配 B 等指标，在计算过程中的余数，则根据班级考核情况予以分配。

学校 A 等人数不超过年级总人数的 50%，B 等人数为年级总人数的 40%，C、D 等共 10%。严格控制 D 等人数。

（二）毕业评价结果计算方法

毕业评价成绩 = 初一等级分值・20%+ 初二等级分值・30%+ 初三等级分值・50%

6 个学期分别占 10%、10%、15%、15%、25%、25% 的比例，毕业成绩分值计算方法，$\sum=(a_1+a_2)\cdot 10\%+(b_1+b_2)\cdot 15\%+(c_1+c_2)\cdot 25\%$（A 等级、B 等级、C 等级、D 等级分别赋分 10 分、8 分、5 分、2 分）。

毕业评价结果呈现形式：学生毕业评价成绩划分为 A、B、C、D 四个等级，并单独反馈每个学期等级。

毕业结果等级分配以班级人数的 40% 作为各班级认定 A 等的基础指标，另外 10% 的比例按照学期班级考核情况予以分配；以班级人数的 40% 分配 B 等指标，在计算过程中的余数，则根据班级考核情况予以分配。

学校 A 等人数不超过年级总人数的 50%，B 等人数为年级总人数的 40%，C、D 等共 10%。严格控制 D 等人数。

学生毕业等级计算结果出现雷同分，按照最近发展区原则，比对最近学期的评价结果，若结果亦雷同，则类推上一学期评价结果，如果 6 个学期均雷同，则提交学校综合素质评价委员会审议决定。

八、评价结果公示及申诉、等级比例及奖励指标分配

（一）评价结果公示及申诉

学校以书面形式将评价结果通知学生本人及其家长，同时在校园内公示 5 日以上（不公布姓名，只公布学籍号与等级）。若学生及其家长对评价结果有异议，可以书面形式在公示期间向学校学生综合素质评价委员会提出申诉或复议，委员会在收到申诉或复议之日起 3 日内给予书面答复。如学生及其家长对学校学生综合素质评价委员会的复议仍有异议，可以通过正常的途径和程序向教育主管部门反映。

（二）年级等级比例

依据评价综合成绩，将学生认定为 A、B、C、D 四个等级。其中 A 等人数不超过年级总人数的 30%，B 等人数为年级总人数的 50%，严格控制 D 等人数，若有 D 等须报学校学生综合素质评价委员会批准。

（三）奖励指标分配

学生奖励指标分配。以班级人数的 40% 作为各班级认定 A 等的基础指标，另外 10% 的比例按照学期班级考核情况予以分配；以班级人数的 40% 分配 B 等指标，在计算过程中的余数，则根据班级考核情况予以分配。

学校获得教育局奖励的毕业年级 A 级指标，根据班级考核情况进行分配，奖励人数不超过毕业生总数的 5%。奖励的 A 级指标从 B 等级指标中扣除。

九、特殊学生等级认定办法

（一）中途转入及休复学学生等级的认定办法

潍坊市内学校转入的学生：以转入前学校的综合素质评价结果为准。

潍坊市外学校转入的学生：以转入学籍时间为准，仅以在现班级就读期间各学期的综合素质评价结果为依据，按照实际就读的学期、相对权重计算毕业评价成绩。

休复学学生：非休学年级学期等级以现有等级认定，休学年级学期等级以复学后的等级认定。

（二）残疾学生等级的认定办法

残疾学生不参与部分评价项目的评价，学期末根据各项指标成绩，提交学校学生综合素质评价委员会进行会商，确定等级。

十、学生综合素质评价操作流程

（一）学习评价方案

新学期开学后，通过班会、校会等形式让学生集中学习学生综合素质评价方案；通过召开家长会、给家长的一封信等形式，让家长深入了解评价方案并签订方案学习回执单。

（二）学生成长情况记录

学校印发学生成长记录册，让学生在班主任或成长导师协助下整理遴选个人写实记录材料，填写个人写实记录，并对选出来的学生写实记录材料在班级内进行交流展示。

（三）开展评价、审核汇总

班级学生综合素质评价工作小组协同班主任组织开展评价，对学期内各个维度的评价等级进行审核及汇总。纪实性评价报告与定量评价等级共同形成学生个人综合素质评价档案材料。

（四）评价结果公示

将评价认定结果通知学生本人，在班级、校内予以公示，公示期5天。公示期间，学生和家长对评价结果有异议的，书面向班级学生综合素质评价工作小组提出申请，班级素质评价工作小组核实后进行复议，并将相关确认单、复议情况提交学校学生综合素质评价委员会。学校评价委员会对各班级学生综合素质评价等级认定情况、复议情况进行审核，确认学生的综合素质评价等级，对审核结果有变动的进行重新公示。

（五）评价结果认定

评价结果公示5日无异议后，打印《学生综合素质评价结果确认单》，学生本人及其父母（或其他法定监护人）对《学生综合素质评价结果确认单》签字确认。班级学生综合素质评价工作小组填写《班级综合素质评价确认单》。学校学生综合素质评价工作委员会审核《学生综合素质评价结果确认单》《班级综合素质评价确认单》;填写《初中学校综合素质评价结果汇总表》。

（六）结果备案、审核上报

学校学生综合素质评价工作委员会以文件形式公布已经确认的评价认定结果，打印汇总表并签字盖章。将审核后的认定结果确认单、汇总表进行备案，胶装后上报区教育局。

十一、学生综合素质评价操作实施要求

（一）上好“开学第一课”

初一新生通过入校课程“开学第一课”，了解学校综合素质评价方案。让每一位新生熟知综合素质评价的目的意义、内容、程序及要求等，根据方案要求制定学生个人成长计划，让学生由知道“怎么评”到自己“怎么办”。

（二）加大对家长的宣传力度

通过家长会、致家长一封信、QQ群、微信、公众号等多种形式在家长中进行广泛宣传，家长知晓率达到100%，让家长充分了解学生综合素质评价的重要性，使每一位家长都关注并支持学校综合素质评价工作。

（三）签订诚信承诺书

评价过程中以诚信为前提，严格执行学生自评、同伴评价、教师评价环节，严格规范学生素质评价工作审核、汇总环节，相关人员签订诚信承诺书。

（四）执行阳光公示制度

学生综合素质评价结果严格执行班级公示栏公示、学校公示栏公示和“中小学公

共信息平台”公示制度，使学生家长对综合素质评价结果知晓率达到100%。

第二节　明德学校学生综合素质评价指标体系模型（7~9年级）

<table>
<tr><th>一级指标</th><th>二级指标</th><th>评价要点</th><th>评价工具</th><th>佐证材料举例</th></tr>
<tr><td rowspan="10">A1
思想品德</td><td rowspan="3">B1
理想信念</td><td>1. 了解党史国情，珍视国家荣誉，铸牢中华民族共同体意识，爱党爱国爱人民爱社会主义，立志听党话、跟党走，从小树立为实现中华民族伟大复兴的中国梦而努力奋斗的志向</td><td rowspan="10">1. 学生写实记录。
2. 学生综合素质评价正向量表。
3. 学生本人、班主任、同伴、家长质性评价报告</td><td rowspan="5">1. 学生参加升国旗仪式、参观爱国主义教育基地的记录。
2. 参与学习和弘扬社会主义先进文化、革命文化和中华优秀传统文化等课程活动的记录和佐证材料。
3. 参加各级法治主题教育活动；参加少先队、共青团活动的记录和佐证材料。
4. 参加学校、班级组织的集体活动，主动为班级、学校、同学及他人服务的记录和佐证材料</td></tr>
<tr><td>2. 爱护国旗国徽，会唱国歌，积极参加升国旗仪式；积极参加重要节日、纪念日主题教育活动，积极参加少先队、共青团活动</td></tr>
<tr><td>3. 热爱并努力学习中华优秀传统文化、革命文化和社会主义先进文化，传承红色基因，增强“四个自信”；积极向英雄模范和先进典型人物学习</td></tr>
<tr><td rowspan="2">B2
社会责任</td><td>1. 养成规则意识，遵守校规校纪，遵守法律法规、社会公德和公共秩序</td></tr>
<tr><td>2. 爱护公共财物，保护公共环境，热爱大自然；节粮节水节电，低碳环保生活；积极参加集体活动，主动为班级、学校、同学及他人服务，对自己承担的任务负责</td></tr>
<tr><td rowspan="5">B3
行为习惯</td><td>1. 注重仪表、举止文明，朴素节俭、不相互攀比</td><td rowspan="5">1. 班级写实记录中的记录明细。
2. 学生行为表现实证材料</td></tr>
<tr><td>2. 孝敬父母，尊重师长、同学和他人，礼貌待人，与人和谐相处</td></tr>
<tr><td>3. 自己事情自己做，他人事情帮着做</td></tr>
<tr><td>4. 言行一致，诚实守信、知错就改，不说谎、不作弊</td></tr>
<tr><td>5. 远离烟酒毒品，文明绿色上网</td></tr>
</table>

续表

一级指标	二级指标	评价要点	评价工具	佐证材料举例
A2学业水平	B4学习态度	1. 做好课前准备，按时进入课堂，遵守课堂纪律，不迟到、不早退、有事请假	1. 写实记录 2. 学生综合素质评价正向量表。 3. 学生本人、班主任、同伴、家长质性评价报告。 4. 教师（主观评价）用表。 5. 客观评价用表。 6. 实践活动记录表	1. 学生课程学习实证材料。 2. 参加学科研究性学习的写实记录、实证材料、活动成果等
		2. 上课认真听讲，积极参与课堂活动，努力完成学习任务。除了老师布置的任务外，还会主动多学习一些		
	B5学习习惯	1. 掌握有效学习方法，课前预习充分，课上积极思考、认真笔记，课后及时复习、勤于总结反思、认真完成作业		
		2. 有自己的观点和主张，懂得尊重他人意见。讨论时敢于表达，他人发言时认真倾听		
	B6创新能力	1. 积极参加学校兴趣小组社团活动，有小制作、小发明、小创造等科学兴趣特长。积极参与考察探究活动，每学期至少完成一个考察探究项目		1. 学生课程学习实证材料。如语文、数学、英语、理化生、政史地等学科的期中、期末考试成绩及地方课程、校本课程期中、期末质量检测成绩。 2. 参加学科研究性学习的写实记录、实证材料、活动成果等
		2. 有好奇心、想象力和求知欲，有信息收集整合、综合分析运用能力，有自主探究、独立思考、发现问题、解决问题的意识与能力		
	B7学习水平	1. 掌握学科基本思想和思维方法，掌握学科基本知识、基本技能，达到国家规定的义务教育课程学业质量标准要求		
		2. 养成阅读习惯，至少完成语文、英语规定的课外阅读量；主动参与实验设计，能够跟小组成员一起完成规定的实验操作		

续表

一级指标	二级指标	评价要点	评价工具	佐证材料举例
A3身心健康	B8健康生活	1. 营养健康饮食，讲究卫生，按时作息，保证充足睡眠，养成坐、立、行、读、写正确姿势；上好体育课，坚持每天锻炼身体至少1小时，坚持做广播体操、眼保健操	1. 写实记录 2. 学生综合素质评价正向量表。 3. 学生本人、班主任、同伴、家长质性评价报告。 4. 教师（主观评价）用表。 4. 客观评价用表。 5. 实践活动记录表	1. 学生体育、艺术课程学业成绩及相关标志性成果（如参加校级及以上比赛的获奖证书、奖杯等）。 2. 学生参加体育、艺术社团情况，掌握1~2项体育运动技能、1~2项艺术技能情况
		2. 树立珍爱生命、安全第一意识，掌握安全、卫生防疫等基本常识，注重日常预防和自我保护，具备避险和紧急情况应对能力		
		3. 不过度使用手机，不沉迷网络游戏，不吸烟、不喝酒、不赌博，远离毒品		
	B9身心素质	1. 体质健康监测达标，至少掌握2项体育运动技能，有效控制近视、肥胖、脊柱姿态不良等，不断提高体能		
		2. 保持自尊自信、自立自强，乐观向上、阳光健康心态，合理表达、控制调节自我情绪；能够正确看待挫折，具备应对学习压力、生活困难和寻求帮助的积极心理素质和能力		
A4艺术素养	B10美育实践	1. 上好艺术、书法等文化艺术课程，积极参加学校、社区（村）组织的文化艺术等各种美育活动		
		2. 经常欣赏文学艺术作品、观看文艺演出、参观艺术展览等		
	B11感受表达	3. 掌握1~2项艺术技能，会唱主旋律歌曲		
		4. 具备健康向上的审美趣味、审美格调，能够在学习和生活中发现美、感受美、欣赏美、表达美		
A5劳动与社会实践	B12劳动习惯	1. 具有尊重劳动、热爱劳动的观念，能够吃苦耐劳，尊重劳动者，珍惜劳动成果	1. 写实记录。 2. 学生综合素质评价正向量表。 3. 学生本人、班主任、同伴、家长质性评价报告。 4. 实践活动记录表	1. 学生劳动与社会实践课程写实记录及相关标志性成果（如参加校级及以上比赛的获奖证书、奖杯等）。 2. 学生参加劳动技能情况，如劳动技能考核结果、生活技能考核结果
		2. 主动承担家务劳动，按时参加校内劳动和校外劳动，具有一定的生活能力和劳动技能，按时完成规定的劳动任务		
	B13实践体验	1. 积极参与社会调查、研学实践、志愿服务和公益活动，每类活动每学期不少于1项		
		2. 在农业生产、工业体验、商业和服务业实践中，主动体验职业角色，做好体验记录		

第三节　明德学校学生综合素质评价正向评价量表（自评用表）

班级：　　　　　　　　　　　　姓名：

一级指标	二级指标	考查要点	完全做到	基本做到	一般	基本做不到	完全做不到
思想品德	理想信念	1. 了解党史国情，珍视国家荣誉，铸牢中华民族共同体意识，爱党爱国爱人民爱社会主义，立志听党话、跟党走，从小树立为实现中华民族伟大复兴的中国梦而努力奋斗的志向					
		2. 爱护国旗、国徽，会唱国歌，积极参加升国旗仪式；积极参加重要节日、纪念日主题教育活动，积极参加少先队、共青团活动					
		3. 热爱并努力学习中华优秀传统文化、革命文化和社会主义先进文化，传承红色基因，增强“四个自信”；积极向英雄模范和先进典型人物学习					
	社会责任	1. 养成规则意识，遵守校规校纪，遵守法律法规、社会公德和公共秩序					
		2. 爱护公共财物，保护公共环境，热爱大自然；节粮节水节电，低碳环保生活；积极参加集体活动，主动为班级、学校、同学及他人服务，对自己承担的任务负责					
	行为习惯	1. 注重仪表、举止文明，朴素节俭、不相互攀比					
		2. 孝敬父母，尊重师长、同学和他人，礼貌待人，与人和谐相处					
		3. 自己事情自己做，他人事情帮着做					
		4. 言行一致，诚实守信、知错就改，不说谎，不作弊					
		5. 远离烟酒毒品，文明绿色上网					

续表

一级指标	二级指标	考查要点	完全做到	基本做到	一般	基本做不到	完全做不到
学习水平	学习态度	1. 做好课前准备，按时进入课堂，遵守课堂纪律，不迟到、不早退、有事请假					
		2. 上课认真听讲，积极参与课堂活动，努力完成学习任务。除了老师布置的任务外，还会主动多学习一些					
	学习习惯	1. 掌握有效学习方法，课前预习充分，课上积极思考、认真记笔记，课后及时复习、勤于总结反思、认真完成作业					
		2. 有自己的观点和主张，懂得尊重他人意见。讨论时敢于表达，他人发言时认真倾听					
	创新能力	1. 积极参加学校兴趣小组社团活动，有小制作、小发明、小创造等科学兴趣特长。积极参与考察探究活动，每学期至少完成一个考察探究项目					
		2. 有好奇心、想象力和求知欲，有信息收集整合、综合分析运用能力，有自主探究、独立思考、发现问题、解决问题的意识与能力					
	学习水平	1. 掌握学科基本思想和思维方法，掌握学科基本知识、基本技能，达到国家规定的义务教育课程学业质量标准要求					
		2. 养成阅读习惯，至少完成语文、英语规定的课外阅读量；主动参与实验设计，能够跟小组成员一起完成规定的实验操作					
身心健康	健康生活	1. 营养健康饮食，讲究卫生，按时作息，保证充足睡眠，养成坐、立、行、读、写正确姿势；上好体育课，坚持每天锻炼身体至少 1 小时，坚持做广播体操、眼保健操					
		2. 树立珍爱生命、安全第一意识，掌握安全、卫生防疫等基本常识，注重日常预防和自我保护，具备避险和紧急情况应对能力					
		3. 不过度使用手机，不沉迷网络游戏，不吸烟、不喝酒、不赌博，远离毒品					
	身心素质	1. 体质健康监测达标，至少掌握 2 项体育运动技能，有效控制近视、肥胖、脊柱姿态不良等，不断提高体能					
		2. 保持自尊自信、自立自强、乐观向上、阳光健康心态，合理表达、控制调节自我情绪；能够正确看待挫折，具备应对学习压力、生活困难和寻求帮助的积极心理素质和能力					

续表

一级指标	二级指标	考查要点	完全做到	基本做到	一般	基本做不到	完全做不到
艺术素养	美育实践	1. 上好艺术、书法等文化艺术课程，积极参加学校、社区（村）组织的文化艺术等各种美育活动					
		2. 经常欣赏文学艺术作品、观看文艺演出、参观艺术展览等					
	感受表达	1. 掌握 1~2 项艺术技能，会唱主旋律歌曲					
		2. 具备健康向上的审美趣味、审美格调，能够在学习和生活中发现美、感受美、欣赏美、表达美					
劳动与社会实践	劳动习惯	1. 具有尊重劳动、热爱劳动的观念，能够吃苦耐劳，尊重劳动者，珍惜劳动成果					
		2. 主动承担家务劳动，按时参加校内劳动和校外劳动，具有一定的生活能力和劳动技能，按时完成规定的劳动任务					
	实践体验	1. 积极参与社会调查、研学实践、志愿服务和公益活动，每类活动每学期不少于 1 项					
		2. 在农业生产、工业体验、商业和服务业实践中，主动体验职业角色，做好体验记录					

说明："完全做到"指各项指标积极主动；"基本做到"指有一定的主动性，经常或大多数时候是这样；"一般"指有时能做到，有时做不到；"基本做不到"指很少或偶尔一两次是这样的；"完全做不到"指一次也做不到。

表扬：本次问卷提出的问题，能够"完全做到"的是哪几条？挑选做得最好的 3 条举例说明。	
请你想一想对你的成长过程有哪些帮助？打算以后怎样做？	
反思：通过本次问卷，本次问卷提出的问题，能够"完全做不到"的是哪几条？挑选做得最不好的举例说明。想一想你打算以后怎样做？	
"完全做不到"项目	
"完全做不到"中做得"最不好"项目活动	
你打算以后怎么做？	

第四节　明德学校学生实践活动课程纳入综评维度评价明细表

<table>
<tr><th>类别</th><th>项目</th><th>开展活动</th><th>纳入维度</th></tr>
<tr><td rowspan="4">综合实践活动项目类别</td><td>考察探究</td><td>年文化探究、柳毅文化探究、潍坊民俗文化探究、潍县萝卜探究、一带一路项目学习、四季课程、探究地名等</td><td rowspan="4">社会实践</td></tr>
<tr><td>社会服务（含服务性劳动）</td><td>走进儿童福利院、诊所保洁志愿服务、社区图书馆讲解员、社区疫情防控宣讲志愿者、学校食堂餐饮服务、做景区公益导游等</td></tr>
<tr><td>设计制作（含生产劳动）</td><td>衍纸、书签制作、沙画、动物面具制作、纸编草帽设计与制作、布艺环保袋设计与制作、设计组合盆栽、农忙时节主题实践、三维打印制作家用小台灯等</td></tr>
<tr><td>职业体验及其它（含日常生活劳动）</td><td>走进杨家埠、父母职业强度体验、咖啡制作、教室主题文化装饰、设计学校一周食谱、清洗空调滤网、清洗家用饮水机等</td></tr>
<tr><td rowspan="4">学科实践活动</td><td>考试科目研究性学习、跨学科实践活动</td><td>学科项目式学习、跨学科实践活动、主题征文、演讲比赛、英语剧、学科主题手抄报等</td><td>学业水平</td></tr>
<tr><td>音乐、美术实践活动</td><td>主题手抄报、新年贺卡、艺术节作品、唱红歌等</td><td>艺术素养</td></tr>
<tr><td>体育实践活动</td><td>体育节项目、寒（暑）假体育实践、球类比赛等</td><td>身心健康</td></tr>
<tr><td>思政主题实践活动</td><td>重走长征路、五四主题、清明节主题、抗美援朝实践活动、新中国成立 70 周年主题实践等</td><td>思想品德</td></tr>
</table>

第五节　寒亭区明德学校学生综合素质评价配套制度（诚信制度）

根据《关于进一步做好初中学生综合素质评价工作的实施意见》（潍教办〔2014〕1 号）、《关于进一步做好初中学生综合素质评价工作的通知》（潍教办〔2015〕7 号）等文件及区教育局有关要求，结合我校实际，制定本方案。

一、班级诚信教育制度

各班级要在每年 9 月份进行一次学生诚信教育培训。

班级诚信教育培训的内容包括：法律法规教育、班级主人翁意识教育、综合素质评价方案教育等。

二、班级综合素质评价诚信管理检查制度

（1）学校综合素质评价委员会要在每季度对各班级诚信管理进行一次检查。

（2）由学校综合素质评价委员会组成检查组对学生综合素质评价档案的诚信体系建设和运行情况进行检查。

（3）检查内容包括：维度评价内容、学期评价内容、毕业评价内容、标志性成果等。

三、诚信危机处理和预警制度

（1）由各班级班主任负责收集学生的档案填写诚信信息并进行分析，报告给政教处。

（2）政教处在分析到学生档案填写诚信度低时，要给班主任发出诚信预警。

（3）政教处在给班主任发出诚信预警的同时要制定学校处理诚信危机的预案。

（4）各班班主任要对政教处提出的学生档案诚信预警和处理预案认真研究，消除诚信危机。

附：

综合素质评价诚信承诺责任书

我承诺：

诚实认真贯彻执行恒信明德学校综合素质评价方案，绝不违反程序，认真规范操作，绝不弄虚作假。

承诺人：

年　　月　　日

评价方案修订和审批制度

为进一步加强学生综合素质评价方案管理，实现学生综合素质评价方案管理的制度化、规范化、科学化，提高方案管理水平，维护学生综合素质评价方案的真实性、严肃性，完善学校学生综合素质评价方案服务体系，有效地建立保护和利用方案，充分发挥方案在学生管理中的作用，保障学生正当权益。根据《关于进一步做好初中学生综合素质评价工作的实施意见》（潍教办〔2014〕1号）、《关于进一步做好初中学生综合素质评价工作的通知》（潍教办〔2015〕7号）等文件及区教育局有关要求，结合学校实际，制订本办法。

一、评价方案修订制度

（1）初中学校综合素质评价工作委员会根据上级教育行政部门规定和要求，结合学校实际，在广泛征求教师、家长、学生意见的基础上制定学生综合素质评价方案。一般不做修改。

（2）评价方案保持相对稳定，初中学生在校三年期间，不作对评价结果有较大影响的调整；确需调整的，已评价的结果继续有效。

（3）实施过程中，因上级教育行政部门要求、教育发展、学生成长和学校实际变化等，确需对评价方案进行修订、调整的，要广泛征求教师、家长、学生的意见。修订后的评价方案经学校家长委员会全体成员同意后，重新报县级教育行政部门审批。

（4）学生综合素质评价方案以学校正式文件印发后实施。

二、评价方案审批制度

（1）评价方案通过审批后，由县级教育行政部门备案。

（2）初中学校及时将审批通过后的评价方案通过学校网站进行公示，并上传到“潍坊市中小学公共信息平台”。

（3）初中学校将学生综合素质评价方案作为初一新生的入校课程，使学生从初一入学时就明确综合素质评价的内容和要求。

（4）初一入学时，初中学校通过开学第一课、家长会、给家长的一封信等多种方式，向学生家长宣传学生综合素质评价方案及其结果的使用，确保家长知晓率100%。学生家长知晓后在确认单上签字确认，确认单一式两份，其中一份由初中学校留存至学生毕业。评价方案进行修订、调整的，初中学校及时告知所有学生家长，并再次履行签字确认手续。

学生综合素质评价档案管理制度

为进一步规范我校学生综合素质档案管理工作，提高我校学生档案管理水平，使我校学生档案管理制度化、科学化，充分发挥学生档案在学生日常教育管理、毕业等方面的作用，结合我校实际情况，特制定本规定。

一、学生个人档案管理

（一）管理制度

（1）学生个人档案的建立。学生个人档案必须按班级放入专门档案柜中归类管理。

（2）档案内容坚持实事求是的原则。档案内容必须确保统计数字的准确，要如实记录学生就读期间的整个成长过程。

（3）专柜保存档案资料，并采取防范措施，避免丢失。

（4）档案借阅一般情况只准在档案室内查阅，如需借出，需经领导批准。

（5）相关部门应积极配合各种材料的及时收集。

（二）归档范围

（1）学生维度评价表、学期评价、毕业评价等相关材料；

（2）学生成长记录册；

（3）标志性成果材料：学生在校学习期间获得的校级以上表彰奖励活动中形成的各种材料（三好学生、优秀学生干部、优秀团员、优秀团干部等）；

（4）处分材料：学生处提供的学生在校期间违反校规校纪，触犯国家法律等形成的各类处分材料；

（5）可供组织参考的其他材料。

（三）归档材料的收集

1．新生班班主任收集材料

新生入学后，新生班主任应组织学生认真学习《学生综合素质评价培训材料》。

2. 班主任收集材料

（1）各维度评价表；

（2）获奖材料；

（3）处分材料；

（4）毕业评价；

（5）学生成长记录册。

二、档案的保管与保护

（1）根据安全保密、便于查找的原则要求，对于学生档案应严密、科学地保管，严防档案的毁损、失散和泄密。

（2）做好档案室的防火、防潮、防蛀、防盗、防光等工作。

（3）学生档案要用铁皮档案柜存放，要有防火、防潮、防高温、防盗、防光、防鼠等设施。上述安全设施定期检查。

（4）保持档案室的清洁和室内适宜的温、湿度（温度要控制在 14~24 摄氏度，相对湿度 45%~65%）。

综合素质评价违纪处理办法

1. 学校为参与综合素质评价者建立信用记录，与相关人员分别签订诚信承诺责任书。信用不良的人员不能作为学校综合素质评价工作委员会或班级综合素质评价工作小组成员。

2. 因重视程度不够、操作不规范、结果使用不正确等导致失误的，追究有关人员的责任。

3. 对在学生综合素质评价中存在违反程序、违规操作、弄虚作假等行为的个人，由学校学生综合素质评价委员会责令改正，视情节给予通报批评、撤销教育类荣誉称号等行政处理。对直接负责的主管人员和其他直接责任人员，按照《事业单位领导人员管理暂行规定》《事业单位人事管理条例》《事业单位工作人员处分暂行规定》《山东省对违规从事普通中小学办学行为责任追究办法》以及校长职级制、师德考核等有关规定，视情节给予警告、记过、降低岗位等级处分。

评价结果公示和备案制度

为了切实做好综合素质评价工作，真正发挥综合素质评价推动基础教育课程改革的重要作用，根据《关于进一步做好初中学生综合素质评价工作的实施意见》（潍教办〔2014〕1 号）、《关于进一步做好初中学生综合素质评价工作的通知》（潍教办〔2015〕7 号）等文件及区教育局有关要求，结合我校实际，现制定如下制度。

一、学生综合素质评价公示制度

1. 每次评价前，学校要公示学校学生综合素质评价委员会的组成办法以及组成人员名单，同时，公示各班评价小组的组成办法以及组成人员名单，以便学生、学生家长和社会进行监督。

2. 每次评价前，学校评价委员会要把评价的内容、方法、程序进行公示，并通过学生家长会、致家长一封信等形式，向家长做说明，征得家长和社会的理解和支持。

3. 结果评价后，要及时在学校公示（公示时间不少于 5 天），接受监督；并由学校评价委员会和班级评价工作小组及时以通知单或其他形式告知学生本人和家长，不得无故缩短公示时间或取消公示。

4. 学校公布评价结果要充分考虑并消除对部分学生可能造成的消极影响，及时召开学生家长会或家长座谈会，化解矛盾，保持稳定。

二、学生综合素质评价备案制度

1. 问题备案制度

（1）各班对本班学生综合素质评价档案出现的问题有责任、有义务要求申报备案；

（2）班主任是档案备案制贯彻执行的第一责任人。

2. 档案备案要件：档案名称、档案所涉及班级、学生。

3. 档案备案范围：维度评价用表、学期评价各项用表、毕业评价用表等。

举报、申诉、研究处理制度

为了切实做好综合素质评价工作，真正发挥综合素质评价推动基础教育课程改革的重要作用，根据《关于进一步做好初中学生综合素质评价工作的实施意见》（潍教办〔2014〕1号）、《关于进一步做好初中学生综合素质评价工作的通知》（潍教办〔2015〕7号）等文件及区教育局有关要求，结合我校实际，现制定如下制度。

一、举报处理制度

1. 我校政教处为受理和解决举报投诉职能部门。

2. 举报投诉主要工作职责。

（1）负责受理学校内部的投诉举报；

（2）负责协调解决投诉举报工作；

（3）负责跟踪、督促、审查投诉举报工作；

（4）负责反馈投诉举报办理结果。

3. 政教处负责统一受理学校内部通过网络、微信、信件、电话、传真、来人等方式接收的公示投诉举报。

4. 在校学生、家长的一般投诉举报由政教处会同班主任解决；如有重大、复杂投诉举报案件，可由政教处上报学校综合素质评价委员会并由其出面解决。

5. 收到投诉举报后，应及时调查核实，调查核实后及时向相关班级及人员反馈调查核实结果或进展情况，一般不得超过5个工作日。情况复杂的，经学校综合素质评价委员会批准，可适当延长办理期限，并向投诉举报方告知延期理由。

6. 对已受理的投诉举报案件可采取听取汇报、查阅资料、实地察看、专访调查等方式了解情况。相关班级和个人应予协助配合。

二、申诉处理制度

1. 申诉由政教处负责人处理，并向学校综合素质评价委员会报告处理结果。对重大问题应由政教处负责人会同副主任、主任主持召开档案异议分析会进行处理。

2. 受理档案问题申诉的有效期最长为1个月，自发出公示之日算起。特殊情况的有效期另定，并应在公示报告上注明。超过有效期的申诉概不受理。

3. 档案申诉包括以下三类。

（1）教育主管部门要求对公示结果作进一步解释，但未对公示结果表示明确异议；

（2）在校学生或家长明确表示不同意公示结果，要求复审；

（3）在校学生或家长未向政教处提出异议，而直接向上级主管部门申诉。

4. 检测质量争议处理程序如下。

（1）政教处接到申诉后，分类登记，交负责人处理。

（2）质量负责人会同级部主任检查原档案和原始记录并进行核查。如确实无误，应发一份确认原档案报告正确有效的文件，并办理登记手续。

（3）若经检查确因原始记录、数据处理、结果判断等环节造成错误的，应发一份对原档案报告的更改报告，原档案报告作废并办理登记手续。对造成错误的直接责任者作适当处理。

5. 若申诉方仍持异议。可由有关部门主持进行仲裁分析。

6. 有关档案申诉处理的全部资料均应作为申诉档案，在处理后的半个月内由负责人整理后保存。

寒亭区明德学校

2018 年 5 月 12 日

第六节　明德学校学生综合素质评价工作配档表与行动清单

一、明德学校学生综合素质评价工作配档表

序号	项目	内容	要求	时间	责任人	责任部门	备注
1	会议	全体教师会	全体教师明确“学生综合素质评价方案”的内容及相关教师职责	开学前一周	校长	学生发展中心	
2	班级活动	学习“入校课程”	各班主任组织学生和家长学习“入校课程”，让学生和家长熟悉“学生综合素质评价方案”，回收学生和家长签字（签字回执交学生发展中心存档）	开学第一周	班主任	各级部	
		确定成长导师	各班主任把本班学生合理分组，确定成长导师负责的学生名单（电子档报学生发展中心），发放成长导师手册（日常按时记录，学期末上交）	开学第二周	班主任	各级部	
		确定班级评价小组名单及同伴互评小组名单	各班主任把本班学生合理分组，确定班级评价小组名单（公示并拍照，电子档报学生发展中心），确定同伴互评小组名单（电子档报学生发展中心）	开学第二周	班主任	各级部	
		填写《学生成长记录册》	各班主任组织学生及成长导师按时填写《学生成长记录册》，不能漏填或乱填学生参与的各项活动，保证填写工整规范。由班主任、学生本人、同伴互评小组、成长导师、家长填写	贯穿整个学期	相关责任人	各班级	

续表

序号	项目	内容	要求	时间	责任人	责任部门	备注
3	班级评价时间	评价时间及评价结果呈现	（1）质性评价时间：评价在每学期期末进行。结果呈现形式：以评价报告的形式存入学生成长记录册。 （2）量化评价时间：学生日常表现每月进行评价；其他维度每学期两次进行主观评价，期末进行客观评价。结果呈现形式：划分为A、B、C、D四个等级。其中A等人数不超过年级总人数的30%，B等人数为年级总人数的50%，严格控制D等人数	（进行评价时，需拍照留档）			
4	质性评价	思想品德 学业水平 身心健康 艺术素养 劳动与社会实践	评价方式包括学生自我评价、同伴评价、教师评价、家长评价。根据不同评价内容选择相应的评价主体，撰写不同的质性评价报告，以评价报告的形式存入学生成长记录册。 由班主任、学生本人、同伴互评小组、成长导师、家长填写	学期末前两周	相关责任人	各班级	

续表

序号	项目	内容	要求	时间	责任人	责任部门	备注
5	量化评价	日常行为表现（10分）	此项评价采用主观评价的形式，依据班级常规管理记录，由同伴互评小组、班主任共同完成。 同伴评价（5分）。由同伴互评小组结合班级管理记录进行，评价小组成员的平均分作为该学生的同伴评价得分。 班主任评价（5分）。班主任根据学生在班级中的日常表现，根据评价量表进行量化评价	学期末	班主任	学生发展中心	
			班主任将每月的学生日常表现评价的汇总分值进行折算，计算出本学期学生日常表现评价的成绩，成绩核对无异议报学生发展中心存档	学期末			
		学业水平（20分）	（1）主观评价（5分）。各学科教师根据评价量表从学生课堂表现和参加学习活动等方面进行评价。 （2）客观评价（15分）。根据学生参加学科实践活动的学分（10分），以及语文、数学、英语、物理、化学、道德与法治、历史、地理、生物各学科检测成绩（5分）进行评价	期末	班主任、文化课教师	各级部	
		运动与健康（20分）	（1）主观评价（5分）。由体育教师及同伴互评小组根据评价量表从日常体育锻炼情况等方面进行评价。 （2）客观评价（15分）。由体育教师进行。 ①能按时参加体育课（3分）。 ②参加校级及以上部门组织的体育活动的平均分（6分）。 ③体育测试成绩折合（满分为6分，学科折算方法类同学业水平考试科目）	期末	体育教师及维度评价小组	各班级	
		艺术素养（20分）	（1）主观评价（5分）。由美术、音乐教师及同伴互评小组根据评价量表从日常学习情况和素养发展情况等方面进行评价。 （2）客观评价（15分）。由美术、音乐教师进行。 ①能按时参加美术、音乐课（3分）。 ②参加校级及以上部门组织的美术、音乐活动的平均分（6分）。 ③美术、音乐测试成绩折合（满分为6分，学科折算方法类同学业水平考试科目）	期末	美术、音乐教师及维度评价小组	各班级	

续表

<table>
<tr><th>序号</th><th>项目</th><th>内容</th><th colspan="2">要求</th><th>时间</th><th>责任人</th><th>责任部门</th><th>备注</th></tr>
<tr><td rowspan="5">5</td><td rowspan="5">定量评价</td><td rowspan="4">社会实践（20分）</td><td rowspan="4">客观评价（20分）</td><td>①考察探究：每学期完成考察探究1次并提交研究报告。每个考察探究课题可由5至6人组成，分工完成探究任务，合作完成研究报告。研究过程中要注意收集和保存原始材料（研究报告+活动照片）</td><td rowspan="4">期中期末</td><td rowspan="4">相关指导教师及同伴互评小组</td><td rowspan="4">各班级</td><td rowspan="4"></td></tr>
<tr><td>②社会服务：在校内有自己的服务岗位；每学期参与社会服务不少于2次，有相应的证明材料（项目报告+活动照片）</td></tr>
<tr><td>③设计制作：每学期完成至少1个信息技术创作作品，且信息技术考试合格；每学期至少完成创意手工制作1个，提交作品并填写作品说明卡</td></tr>
<tr><td>④职业体验、团队及其他活动：每学期参与职业体验不少于1次；参加学校组织的团队活动及其他活动不少于3次</td></tr>
<tr><td>标志性成果（10分）学生获奖证书在班级内展示（拍照留档），评价结果需在班级内公示，若获奖证书未在当学期发放的，可计入下学期。</td><td colspan="2">（1）一票肯定
学生获得省级及以上教育行政部门颁发的综合类荣誉称号，经学校素质评价委员会认定，标志性成果评价可一票认定为满分。
（2）标志性成果赋分标准
标志性成果是指学生在学校生活学习成长过程中取得的各级各类奖励证书。学生在校外培训机构获得的各类证书不在认定范围。
综合类（荣誉称号）：三好学生、优秀学生干部、优秀团员等，市级8分，区级6分，校级4分，累积加分，同类只加最高项。
单项奖：学习标兵、文明之星、进步之星、综合实践先进个人、科技之星、优秀运动员等，省级8分，市级6分，区级4分，校级2分，累积加分，同类只加最高项。
活动类：读书之星、各类体育活动获奖、征文比赛获奖、演讲比赛获奖、书法比赛获奖等，省级6分，市级4分，区级2分，校级1分。累积加分，同类只加最高项</td><td>学期末</td><td>班主任、班级评价小组</td><td>各班级</td><td></td></tr>
</table>

续表

序号	项目	内容	要求	时间	责任人	责任部门	备注
6	一票认定办法	一票肯定	若符合以下条件之一，本学期综合评价一票肯定为A等级。 （1）个人先进事迹特别突出，受到上级教育行政部门表彰，社会影响较大的。 （2）在某个方面表现特别突出，受到学校表彰的	学期末	班主任、班级评价小组	各级部	
		一票否定	（1）各评价中有一个维度被评价为D等则本学期总评不能被评为A等级。 （2）有考试作弊行为的、统考科目等级有E等以下，不能认定A等级。 （3）如果出现以下重大违纪情况，本学期综合素质“学期评价”，可以一票认定为D等级。 ①故意损坏公共财物，行为恶劣者。 ②侮辱、谩骂老师。 ③有敲诈、盗窃、欺凌等不良行为者。 ④违反学校规定，对学校造成重大影响的。 一票认定的学生名单，经班级学生综合素质评价工作小组提请学校学生综合素质评价委员会审议，审议通过后，公示无异议，结果纳入评价				
7	学期成绩汇总上报公示	学期评价成绩以等级呈现，并单独反馈每个维度等级。	各班级在学期末考试前将学生成绩在班级内进行公示（拍照留档），组织学生签字确认（学期家长签字确认单）。 各部门每学期期末考试前将学生成绩报学生发展中心汇总公示。 上交有关表格（评价结果文件上报用表、评价结果上传用表、教育局用表及用表封面）的纸质档和电子档。 上交学生成长记录册及学生综合实践活动档案	学期末	各级部主任、班主任	各级部	

二、明德学校综合素质评价行动清单

1. 研究制定学生综合素质评价工作方案，具体明确工作目标、举措、进程安排、任务分工及组织管理等；

2. 建立全体教师共同参与的学生成长指导制度，确保日常指导工作的落实；

3. 构建关于学生综合素质的过程性评价机制，激励每一个学生健康成长；

4. 为每一个学生建立综合素质档案，按教育局要求，进行材料审核、录入，确保真实可靠；

5. 健全综合素质评价工作的组织，完善学校内部监督管理体系等。

教师行动清单

1. 向学生和家长介绍综合素质评价的目的、基本原则和要求，学校内部评价的内容、程序、方式、规则等。

2. 把综合素质评价融入班级日常教育教学活动之中，指导学生对日常学习生活的规划和实施，做好关于成长过程的写实记录和相关事实的收集、整理、遴选、归档。

3. 倾听学生的心声，充分利用学生的写实记录及相关事实材料，对学生的成长过程进行科学分析和指导帮助，组织学生开展自评活动，提高学生的自我评价意识和能力。

4. 按照学校的统一要求，对用作招生参考的写实记录材料进行公示，核实学生表现记录及相关材料的真实性，并签字确认。

5. 撰写学生评语。

学生综合素质评价学生行动清单

1. 了解综合素质评价是日常学习的一部分，了解评价的目的意义、内容要求、程序方法等。

2. 按照学校要求，结合自身实际，规划自己的学习生活，特别是按时、有计划、有选择地完成有关社团活动、实践性课业等。

3. 及时做好成长记录，收集相关材料，养成良好习惯。

4. 对材料进行整理、遴选、归档，并妥善保管原始记录和各种佐证材料。

5. 撰写自我写实性记录及自评报告。

6. 对提供给学校使用的材料的真实性作出承诺，并签字。

7. 对综合素质材料的不当使用进行申诉，维护自己的合法权益。

第二章　评价办法与课程实施建议

第一节　明德学校“思想品德”与“日常行为表现”评价办法

学生综合素质评价方案中的“思想品德”评价，重点围绕学生在理想信念、社会责任、行为习惯等方面的表现和发展进行评价。

学生综合素质评价方案中的“日常行为表现”评价，主要依据《中学生守则》《中学生日常行为规范》及学校制定的有关规章制度，围绕学生文明礼貌、遵规守纪以及行为习惯等方面进行评价。

一、评价办法

（一）“思想品德”评价

“思想品德”评价包括日常评价和学期评价，只进行质性评价，不进行量化评价。

1. 日常评价

日常评价以完成《学生写实记录》和收集过程性实证材料为主，同时指导学生使用《明德学校学生“思想品德”评价自评量表》进行反思性自我评价。日常评价以引导学生自我反思、自我教育、自我矫正为主要目的，评价结果不纳入学期评价。

2. 学期评价

继续使用《明德学校学生“思想品德”评价自评量表》进行反思性自我评价，然后撰写明德学校学生《自我陈述报告》。

（二）“日常行为表现”评价

“日常行为表现”评价包括日常评价和学期评价。

1. 日常评价

日常评价以完成《班级日志》和收集过程性实证材料为主，同时进行学生自评和同伴互评，评价结果不纳入学期评价，充分发挥日常评价的教育、引导、激励功能。

（1）学生自评。由学生本人结合自己的日常行为表现，使用《明德学校学生“日常行为表现”自评用表》进行反思性自我评价。

（2）同伴评价。由同伴互评小组结合《班级日志》进行，使用《明德学校学生“日常行为表现”同伴互评用表》进行评价，学生的同伴评价结果不计入学期评价结果。

2. 学期评价

学生“日常行为表现”评价得分 = 同伴评价得分 + 班主任评价得分。评价实施主要依据《班级日志》，由小组同伴和班主任使用相关评价工具进行评价，并完成学期数据汇总。

（1）学生自评（不计分）。由学生本人结合自己的日常行为表现，使用《明德学校学生“日常行为表现”自评用表》进行反思性自我评价。

（2）同伴评价（5 分）。由同伴互评小组结合《班级日志》进行，使用《明德学校学生“日常行为表现”同伴互评用表》，按照以下标准赋分，“完全做到”5 分；“基本做到”4 分；“一般”3 分；“基本做不到”2 分；“完全做不到”1 分。学生的同伴评价结果 = 小组所有成员评分的平均分。

（3）班主任评价（5 分）。班主任根据学生在班级中的日常行为表现，使用《明德学校学生“日常行为表现”主观评价量表（班主任用表）》，按照以下标准赋分，个性品质（3 分）；行为习惯（3 分）；兴趣态度（1 分）；习惯方法（1 分）；学以致用（2 分）。班主任评价结果 = 班主任评价（以上项目之和）× 0.5。

（4）数据统计。班主任带领班级评价小组使用《明德学校学生“日常行为表现”学期评价汇总表》对全班学生该项得分进行核算。

二、评价实施步骤

主观评价原则上每学期进行两次，期中进行试评价，评价结果主要用于学生自我矫正。期末进行正式评价，评价结果纳入学生学期评价成绩。

第一步，学习评价标准和办法。

通过班会等形式集中学习“日常行为表现”评价标准和实施办法，同时也让家长深入了解评价办法。

第二步：进行学生自评。

班主任指导学生本人根据具体指标进行自我评价，每个学生根据日常表现，独立完成《学生综合素质评价“日常行为表现”学生正向量表（学生自评用表）》的填写，根据量表内容，客观回答量表后边的问题，然后撰写自我评价报告。

第三步：进行同伴评价。

由班主任组织，利用学习小组，依据小组成员的日常表现，以公平、公正的心态评价小组每位成员，在相应栏目内画“√”。评价时一定要注意诚信教育，避免出现由于个别学生有时对某个同学不满或讨厌，可能会出现结果偏差、不公平或恶意报复等行为。

第四步，进行班主任评价。

班主任根据学生在班级中的日常表现，从个性品质、行为习惯两方面对每位学生进行评价。

第五步，量化评价汇总。

学期末，班主任带领班级综合素质评价工作小组进行数据汇总，并确保数据的准确性和透明度。

第六步，进行班级公示。

将“日常行为表现”评价结果认定结果通知学生本人，在班级、校内予以公示，公示期 3 天。如有异议，书面向班级学生综合素质评价工作小组提出申请，待核实后进行结果确认。

第七步，评价结果确认。

“日常行为表现”评价结果公示 3 日无异议后，班主任将该维度评价结果汇入学期评价。

三、评价工作提示

1. 解决班级中各评价主体对学生的“日常行为表现”评价的认识不够的问题

通过召开学生会、家长会及教师会，让大家学习“日常行为表现”的评价指标，重点从出勤、个人卫生、文明礼貌等具体行为等方面来评价学生，从点滴中发现学生的闪光点。还要引导值日班长从以上几方面进行《班级日志》的记录，力求把工作落实到实处。

2. 解决同伴互评过程中评价标准不清晰的问题

引导学生认真学习评价标准，规范同伴评价过程，遵循自我评价（学习量表—自评—反思—提升）——小组评价（学习量表—实际评价）——反思提升的基本流程，提高评价实效性。

3. 确保班级同伴评价的公正性

杜绝评价的随意性和倾向性，教育学生们在评价过程中要以公平、公正的心态评价小组每位成员，依据他们的日常表现来正确评价同伴。同时要多进行诚信教育，及时对评价结果进行公示，勇于接受所有同学的监督和质疑，力求做到公平公正。

明德学校学生“思想品德”自评量表

班级：　　　　　　姓名：

<table>
<tr><th>一级指标</th><th>二级指标</th><th>序号</th><th>具体指标</th><th>完全做到</th><th>基本做到</th><th>一般</th><th>基本做不到</th><th>完全做不到</th></tr>
<tr><td rowspan="8">学生日常表现</td><td rowspan="5">理想信念</td><td>1</td><td>热爱中国共产党，热爱祖国，热爱人民，热爱家乡；尊敬国旗、国徽；珍视祖国荣誉，维护祖国尊严</td><td></td><td></td><td></td><td></td><td></td></tr>
<tr><td>2</td><td>理解、接受并自觉践行社会主义核心价值观，有为实现中华民族伟大复兴的中国梦不懈奋斗的信念和行动</td><td></td><td></td><td></td><td></td><td></td></tr>
<tr><td>3</td><td>有正确信仰和人生榜样，立志成为一个对国家、对社会有贡献的人</td><td></td><td></td><td></td><td></td><td></td></tr>
<tr><td>4</td><td>具有以人为本和平等意识，尊重、维护人的尊严和价值；尊敬父母，爱戴师长，平等、友好对待他人</td><td></td><td></td><td></td><td></td><td></td></tr>
<tr><td>5</td><td>尊重劳动，具有积极的劳动态度和良好的劳动习惯，具有动手操作能力，掌握一定的劳动技能</td><td></td><td></td><td></td><td></td><td></td></tr>
<tr><td rowspan="3">个性品质</td><td>1</td><td>具有规则与法治意识，自觉遵守法律法规、规则秩序和校风校纪等。也能时常提醒同学和家人等遵守法律法规、依法办事</td><td></td><td></td><td></td><td></td><td></td></tr>
<tr><td>2</td><td>能完成父母、师长、班组分配给的任务，有责任担当，能够认真履行自己的职责</td><td></td><td></td><td></td><td></td><td></td></tr>
<tr><td>3</td><td>正直、诚实、守信，保持言行一致，不说谎，不作弊</td><td></td><td></td><td></td><td></td><td></td></tr>
<tr><td colspan="9">表扬：本次问卷提出的问题，能够“完全做到”的是哪几条？挑选做得最好的 3 条举例说明。</td></tr>
<tr><td colspan="9"></td></tr>
<tr><td colspan="9">请你想一想对你的成长过程有哪些帮助？打算以后怎样做？</td></tr>
<tr><td colspan="9"></td></tr>
<tr><td colspan="9">反思：通过本次问卷，本次问卷提出的问题，能够“完全做不到”的是哪几条？挑选做得最不好的举例说明。想一想你打算以后怎样做？</td></tr>
<tr><td colspan="3">“完全做不到”项目</td><td colspan="6"></td></tr>
<tr><td colspan="3">“完全做不到”中做得“最不好”项目活动</td><td colspan="6"></td></tr>
<tr><td colspan="3">你打算以后怎么做？</td><td colspan="6"></td></tr>
</table>

明德学校学生“日常行为表现”自评量表

班级：　　　　　姓名：

<table>
<tr><th>一级指标</th><th>二级指标</th><th>序号</th><th>具体指标</th><th>完全做到</th><th>基本做到</th><th>一般</th><th>基本做不到</th><th>完全做不到</th></tr>
<tr><td rowspan="5">日常行为表现</td><td rowspan="5">行为习惯</td><td>1</td><td>时时处处说文明话、行文明事、做文明人，不吸烟、不喝酒、不赌博、不接触毒品，不欺凌他人，文明绿色上网</td><td></td><td></td><td></td><td></td><td></td></tr>
<tr><td>2</td><td>积极维护公共环境卫生，主动承担公共事务，及时妥善处理垃圾并进行分类处理</td><td></td><td></td><td></td><td></td><td></td></tr>
<tr><td>3</td><td>主动承担洗衣服、倒垃圾、做饭、洗碗、拖地、整理房间等力所能及的家务</td><td></td><td></td><td></td><td></td><td></td></tr>
<tr><td>4</td><td>具有资源意识，珍惜并节约使用公共资源和自然资源，节水节粮节电，低碳环保生活</td><td></td><td></td><td></td><td></td><td></td></tr>
<tr><td>5</td><td>热爱并尊重自然，具有绿色生活方式和可持续发展理念及行动</td><td></td><td></td><td></td><td></td><td></td></tr>
<tr><td colspan="9">表扬：本次问卷提出的问题，能够“完全做到”的是哪几条？挑选做得最好的 3 条举例说明。</td></tr>
<tr><td colspan="9"></td></tr>
<tr><td colspan="9">请你想一想对你的成长过程有哪些帮助？打算以后怎样做？</td></tr>
<tr><td colspan="9"></td></tr>
<tr><td colspan="9">反思：通过本次问卷，本次问卷提出的问题，能够“完全做不到”的是哪几条？挑选做得最不好的举例说明。想一想你打算以后怎样做？</td></tr>
<tr><td colspan="3">“完全做不到”项目</td><td colspan="6"></td></tr>
<tr><td colspan="3">“完全做不到”中做得“最不好”项目活动</td><td colspan="6"></td></tr>
<tr><td colspan="3">你打算以后怎么做？</td><td colspan="6"></td></tr>
</table>

说明：“完全做到”指各项指标积极主动；“基本做到”指有一定的主动性，经常或大多数时候是这样；“一般”指有时能做到，有时做不到；“基本做不到”指很少或偶尔一、两次是这样的；“完全做不到”指一次也做不到。

明德学校学生“日常行为表现”同伴互评量表

小组： 学生姓名：

项目类型	序号	具体指标	完全做到	基本做到	一般	基本做不到	完全做不到
个性品质	1	具有以人为本和平等意识，尊重、维护人的尊严和价值；尊敬父母，爱戴师长，平等、友好对待他人					
	2	尊重劳动，具有积极的劳动态度和良好的劳动习惯，具有动手操作能力，掌握一定的劳动技能					
	3	具有规则与法治意识，自觉遵守法律法规、规则秩序和校风校纪等。也能时常提醒同学和家人等遵守法律法规、依法办事					
	4	完成父母、师长、班组分配的任务，有责任担当，能够认真履行自己的职责					
	5	正直、诚实、守信，保持言行一致，不说谎，不作弊					
行为习惯	1	时时处处说文明话、行文明事、做文明人，不吸烟、不喝酒、不赌博、不接触毒品，不欺凌他人，文明绿色上网					
	2	积极维护公共环境卫生，主动承担公共事务，及时妥善处理垃圾并进行分类处理					
	3	会主动承担洗衣服、倒垃圾、做饭、洗碗、拖地、整理房间等力所能及的家务					
	4	具有资源意识，珍惜并节约使用公共资源和自然资源，节水节粮节电，低碳环保生活					
	5	热爱并尊重自然，具有绿色生活方式和可持续发展理念及行动					

说明：

1. 请参照《学生综合素质评价正向量表》，挖掘小组成员的闪光点，表达你对他们的欣赏；对于他们做的不好的方面，提出中肯的建议。以公平、公正的心态评价小组每位成员，依据他们的日常表现，在相应栏目内画“√”。

2. “完全做到”指各项指标积极主动；“基本做到”指有一定的主动性，经常或大多数时候是这样；“一般”指有时能做到，有时做不到；“基本做不到”指很少或偶尔一、两次是这样的；“完全做不到”指完全做不到。

学生“日常行为表现”主观评价量表（班主任用表）

<table>
<tr><td colspan="7">评价标准：参考学生《日常行为评价量表》，按照以下标准赋分：个性品质（5 分）；行为习惯（5 分）。每位学生评价结果 = 以上项目之和 *0.5</td></tr>
<tr><td>序号</td><td>学籍号</td><td>姓名</td><td>班级</td><td>评价结果</td><td>总评</td><td>备注</td></tr>
<tr><td>1</td><td></td><td></td><td></td><td></td><td></td><td></td></tr>
<tr><td>2</td><td></td><td></td><td></td><td></td><td></td><td></td></tr>
<tr><td>3</td><td></td><td></td><td></td><td></td><td></td><td></td></tr>
<tr><td>…</td><td></td><td></td><td></td><td></td><td></td><td></td></tr>
</table>

明德学校学生“日常行为表现”学期评价汇总表

评价标准：
1. 学期主观评价 = 学生主观评价 + 班主任主观评价。
2. 总评按班级从高到低排序，A 等级 50%；B 等级 30%；C 等级 20%。

序号	学籍号	姓名	学生 主观评价	班主任 主观评价	总评	等级	学生签字

第二节　明德学校学生“学业水平”评价办法

学生综合素质评价方案中的“学业水平”评价，主要依据《国家课程标准》，围绕学生各门课程基础知识、基本技能掌握情况以及运用知识解决问题的能力，以及学习习惯、学习态度、学习行为、创新意识、创新能力等进行评价。

一、评价办法

“学业水平”评价包括日常评价和学期评价。

（一）日常评价

日常评价以完成《学生写实记录》和收集过程性实证材料为主。

（二）学期评价

“学业水平”评价由主观评价和客观评价组成，总分为 20 分。主观评价由全体科任教师使用《明德学校学生“学业水平”主观评价量表》完成，客观评价由学科考试成绩和学科实践活动得分组成，学生该项得分 = 主观评价成绩 + 客观评价成绩（学科检测成绩 + 学科实践活动得分），最后由维度评价小组使用《学生综合素质评价“学业水平”学期汇总表》进行汇总。学业水平评价一般在期末考试后一周内完成。

1. 主观评价（5 分）

语文、数学、英语、物理、化学、道德与法治、历史、地理、生物等学业水平考试学科的教师，使用《明德学校学生“学业水平”主观评价量表》，从学生课堂表现和参加学习活动等方面进行评价，班级评价小组进行相关学分的汇总。学生学业水平主观评价结果 = 学科教师评价结果（教师主观评价量表五项分数之和 *0.5）的平均分。

2. 客观评价（15 分）

学生客观观评价结果 = 学科检测成绩 + 学科实践活动得分。

（1）各学科检测成绩（5 分）。维度评价小组使用《明德学校学科检测成绩记录表》进行统计折算。

（2）学科实践活动得分（10 分）。由科任教师和班级评价小组使用《明德学校学科（跨学科）实践活动学分记录表》进行统计折算，标准如下。

学生参加一次学科实践活动满分得 5 分，按以下两种类型赋分：学生在班级层面参与活动评选得 3 分，评选后参与校级比赛或展演得 2 分；参与校级活动的得 4 分；参加校级以上集体活动的得 5 分。同一次活动只记录最高分，学生学科实践活动得分 = 参与实践活动学分的平均分 *2。

二、评价实施步骤

主观评价原则上每学期进行两次，期中进行试评价，评价结果主要用于学生自我矫正。期末进行正式评价，评价结果纳入学生学期评价成绩。客观评价期末考试后一周内完成，并进行“学业水平”学期评价结果公示确认。

第一步，学习评价标准和办法。

通过班会等形式让学生集中学习学生综合素质评价方案中“学业水平”维度评价办法，也让家长深入了解维度评价办法。

第二步，进行主观评价。

班主任带领本班文化课教师对全班学生进行主观评价，并指导做好主观评价结果的统计和折算工作。

第三步，进行客观评价。

班级科任教师按照学生参加本学科实践活动情况进行评价，班级评价小组汇总各学科考试成绩和实践活动评价结果。

第四步，进行数据汇总。

班级评价小组协助班主任对以上所有评价结果进行汇总，确保数据的准确性和透明度。

第五步，班级公示。

将“学业水平”评价结果通知学生本人，在班级、校内予以公示，公示期 3 天。如有异议，书面向班级学生综合素质评价工作小组提出申请，待核实后进行结果确认。

第六步，评价结果认定。

“学业水平”评价结果公示 3 日无异议后，班主任将该维度评价结果汇总学期评价。

三、评价工作提示

解决教师评价小组参与“学业水平”评价的认识不够的问题。

“学业水平”维度评价小组由学科教师组成，学科老师的主观评价在整体分值里占分不多，但一定要坚持全面、公正、客观的原则，需要对每位学生有足够了解，在日常中关注到每位学生。教师课堂上要给予学生更多的表现机会，多鼓励、多赞扬，或通过课后谈心等方式了解他们，以做出合理评价。教师平时还要注重学科实践活动的组织，要时常鼓励学生积极参加各种学科实践活动，收集好材料。

明德学校学生“学业水平”主观评价量表（教师用表）

<table>
<tr><td colspan="6">评价班级：　　　　　　评价科目：　　　　　　教师姓名：</td></tr>
<tr><td colspan="6">评价标准：（满分 10 分）
1. 学习态度（3 分）：能按时进入课堂；认真听讲、自觉遵守课堂纪律；积极参与课堂活动；按时独立完成学习任务。
2. 学习习惯（3 分）：有良好的学习习惯，课前准备充分；课堂上能与老师、同学积极互动，认真做好课堂笔记；课后及时复习巩固，积极完成作业。
3. 学习兴趣（1 分）：主动与老师、同伴沟通学科问题，积极探究学科相关知识；课堂上能跟随老师思路，并及时提出相关问题；积极参与相关学科活动。
4. 学习方法（1 分）：乐于科学探索；总结并掌握适合自身的学习方法；课前主动预习；课堂上用心倾听老师讲解，积极参与小组活动；善于归纳总结学科知识。
5. 学习发展（2 分）：具有学科素养优势；较上次评价学科素养有提升。
说明：学生主观评价结果 = 以上五项分数之和 *0.5。</td></tr>
<tr><td>序号</td><td>学籍号</td><td>姓名</td><td>得分</td><td>评价结果</td><td>备注</td></tr>
<tr><td>1</td><td></td><td></td><td></td><td></td><td></td></tr>
<tr><td>2</td><td></td><td></td><td></td><td></td><td></td></tr>
<tr><td>3</td><td></td><td></td><td></td><td></td><td></td></tr>
<tr><td>...</td><td></td><td></td><td></td><td></td><td></td></tr>
</table>

明德学校学生学科（跨学科）实践活动学分记录表

<table>
<tr><td colspan="5">学科：　　　　　班级：　　　　　时间：</td></tr>
<tr><td colspan="5">赋分标准：每次实践活动总分 5 分。
类型一：学生在班级层面参与活动评选得 3 分，评选后参与校级比赛或展演 2 分。
类型二：参与校级活动的得 4 分，参加校级以上集体活动的得 5 分。
同一次活动只记录最高分。</td></tr>
<tr><td>序号</td><td>学籍号</td><td>姓名</td><td>得分</td><td>备注</td></tr>
<tr><td>1</td><td></td><td></td><td></td><td></td></tr>
<tr><td>2</td><td></td><td></td><td></td><td></td></tr>
<tr><td>3</td><td></td><td></td><td></td><td></td></tr>
<tr><td>…</td><td></td><td></td><td></td><td></td></tr>
</table>

明德学校学生“学业水平”维度学期评价汇总表

<table>
<tr><td colspan="9">说明：学业水平成绩 = 教师主观评价 + 学科考试成绩 + 学科实践活动得分。按班级总评从高到低排序，A 等级 50%；B 等级 30%；C 等级 20%。</td></tr>
<tr><td rowspan="2">序号</td><td rowspan="2">学籍号</td><td rowspan="2">姓名</td><td rowspan="2">班级</td><td rowspan="2">主观评价成绩</td><td colspan="2">客观评价成绩</td><td rowspan="2">总评</td><td rowspan="2">等级</td></tr>
<tr><td>学科考试</td><td>学科实践</td></tr>
<tr><td>1</td><td></td><td></td><td></td><td></td><td></td><td></td><td></td><td></td></tr>
<tr><td>2</td><td></td><td></td><td></td><td></td><td></td><td></td><td></td><td></td></tr>
<tr><td>3</td><td></td><td></td><td></td><td></td><td></td><td></td><td></td><td></td></tr>
<tr><td>…</td><td></td><td></td><td></td><td></td><td></td><td></td><td></td><td></td></tr>
</table>

第三节　明德学校学生“身心健康”与“艺术素养”评价办法

学生综合素质评价方案中“身心健康”评价，重点围绕学生的健康生活方式、体育锻炼习惯、效果、身体机能、运动技能以及自我调控能力、应对困难与挫折的表现等方面进行评价。

学生综合素质评价方案中“艺术素养”评价，重点对学生在美术、音乐等方面表现出来的艺术素养、兴趣特长、参加艺术活动成果等方面进行评价。

一、评价办法

“身心健康”与“艺术素养”评价都包括日常评价和学期评价。

（一）“身心健康”评价

1. 日常评价

“身心健康”日常评价以完成《学生写实记录》和收集过程性实证材料为主，同时使用《明德学校教师课堂记录表（身心健康）》进行记录，课堂纪要只需记录特殊情况，如个性化表现、突出表现或个别不良现象。

2. 学期评价

“身心健康”评价由主观评价和客观评价组成，总分 20 分。主观评价由体育教师带领维度评价小组，使用《明德学校学生“身心健康”主观评价量表》完成，客观评价由体育教师带领维度评价小组依据评价标准进行统计、核算，最后由维度评价小组使用《明德学校学生“身心健康”维度学期评价汇总表》进行汇总。身心健康评价一般在期末考试前一周内完成。

（1）主观评价（5 分）

体育教师及维度评价小组使用《明德学校学生“身心健康”主观评价量表》对全班学生进行评价，维度评价小组进行相关学分的汇总。学生主观评价结果 = 体育教师评价结果（主观评价量表五项分数之和 *0.25）+ 维度评价小组评价结果（主观评价量表五项分数之和 *0.25）。

（2）客观评价（15 分）

客观评价依据学生体育课出勤率，参加校级及以上体育活动的学分及体育测试成绩折合进行评价，维度评价小组进行相关学分的汇总。

学生该项得分 = 体育课出勤率（满分 3 分）+ 参加校级及以上部门组织的体育活动（满分 6 分）+ 体育测试成绩（满分 6 分）。

①学生体育课出勤率（3 分）。学期内没有无故不上体育课情况得 3 分，学期内无故不上体育课达 3 次及以下得 2 分，4~6 次得 1 分，超过 6 次不得分。

②参加校级及以上体育活动的学分（6 分）。根据学生参加的各级体育活动进行评价。体育教师使用《明德学校学生艺体学科实践活动学分记录表》进行评价，班级评价小组进行相关学分的汇总。

学生参加一次体育活动满分得 5 分，按以下两种类型赋分。

类型一，学生在班级层面参与体育活动评选得 2 分，评选后参与校级比赛或展演 3 分；

类型二，参与校级及以上集体活动 5 分。学生个人体育活动得分 = 体育活动平均分 *1.2。

③体育测试成绩（6 分）。按学期体育测试成绩（满分 100 分）计入，学生个人体育测试得分 = 学期体育测试 *0.06。

（二）“艺术素养”评价

1. 日常评价

“艺术素养”日常评价以完成《学生写实记录》和收集过程性实证材料为主。

2. 学期评价

“艺术素养”评价由主观评价和客观评价组成，总分 20 分。主观评价由艺术课教师带领维度评价小组，使用《明德学校学生“艺术素养”主观评价量表》完成，客观评价由艺术课教师带领维度评价小组依据评价标准进行统计、核算，最后由维度评价小组使用《明德学校学生“艺术素养”学期汇总表》进行汇总。身心健康评价一般在期末考试前一周内完成。

（1）主观评价（5 分）

学生主观评价结果 = 音乐教师主观评价（主观评价量表五项分数之和 *0.15）+ 美

术教师主观评价（主观评价量表五项分数之和 *0.15）+ 维度评价小组评价（主观评价量表五项分数之和 *0.2）。

（2）客观评价（15 分）

客观评价由美术、音乐教师根据能按时参加音美课出勤率、参加校级及以上部门组织的音美活动次数以及音美测试成绩进行评价，维度评价小组进行相关学分的汇总。

学生该项得分 = 音美课出勤率（满分 3 分）+ 参加校级及以上部门组织的音美活动（满分 6 分）+ 音美测试成绩（满分 6 分）。

①学生音美课出勤率（满分 3 分）。学期内没有无故不上音美课情况得 3 分，学期内无故不上音美课达 3 次及以下得 2 分，4~6 次得 1 分，超过 6 次不得分。

②参加校级及以上音美活动的学分（满分 6 分）。根据学生参加的各级音乐、美术活动进行评价。体育教师使用《明德学校学生艺体学科实践活动学分记录表》进行评价。

学生参加一次音美活动满分得 5 分，按以下两种类型赋分：类型一，有文艺节目（美术作品）2 分；文艺节目（美术作品）精美，创意独特 3 分。类型二，参与活动评选 2 分；评选后参与校级及以上展演 3 分。学生个人音美活动得分 = 音美活动平均分 *1.2。

③音美测试成绩（满分 6 分）。按学期音美测试成绩（满分 100 分）计入，学生个人音美测试得分 = 学期音乐测试 *0.03+ 学期美术测试 *0.03。

二、评价实施步骤

主观评价原则上每学期进行两次，期中进行试评价，评价结果主要用于学生自我矫正。期末进行正式评价，评价结果纳入学生学期评价成绩。客观评价学期末进行，期末考试前两周开始做，并进行“学业水平”学期评价结果确认。

第一步，学习评价标准和办法。

通过班会等形式让学生集中学习学生综合素质评价方案中“身心健康”与“艺术素养”评价办法，也让家长深入了解维度评价办法。

第二步，进行主观评价。

体育、音美教师各自带领维度评价小组对全班学生进行主观评价，并指导做好主观评价结果的统计、核算工作。

第三步，进行客观评价。

维度评价小组依据学科评价标准，核算每个学生身心健康、艺术素养客观评价成绩。

第四步，进行数据汇总。

班级评价小组协助体育、音美科任教师对以上所有评价结果进行汇总，确保数据的准确性和透明度。

第五步，班级公示。

将“身心健康”与“艺术素养”评价结果通知学生本人，在班级、校内予以公示，公示期 3 天。如有异议，书面向班级学生综合素质评价工作小组提出申请，待核实后进行结果确认。

第六步，评价结果认定。

评价结果公示 3 日无异议后，班主任将该维度评价结果汇总学期评价。

三、评价工作提示

（一）艺术素养维度

1. 参与艺术素养维度评价时，维度评价小组应该怎么办

维度评价小组评价是艺术素养主观评价中的一项重要评价项目。由教师提名 9~11 名学生、其他同学无记名投票从中选出 7~9 名同学组建学科（维度）评价小组，对全班同学进行主观评价。

小组评价操作简单易行，但为了评价结果更加公正、合理，需要教师对相关要求和评价标准进行详细解说。此外还要强调评价一定全面、公正、客观，学生投票选举确定评价小组人员，小组成员不能受其他与评价内容无关的事情影响，做出错误的评价评分判断。评价过程不能相互讨论，保证独立完成评价。

2. 实施维度评价时，音美教师应该怎么办

音美老师的主观评价在整体分值里占分不多，但是却需要对每位学生有足够的了解，发现闪光点，给予他们信心，用发展的眼光来看待他们。在整个评价过程中，任课教师起着主导的作用。不仅要熟悉各个流程和环节，在不同阶段进行对不同的材料整理，还要在学期末指导学生进行小组评价。如果在平时不注意收集资料，学期末会觉得工作量很大。

音美老师首先要明确，在不同的时间需要完成哪些材料的收集。对于客观评价，音美老师需要三方面的成绩来进行汇总。

①音美课出勤考评。通俗来讲就是课前点名。音美老师需要在学期初给每个班级准备好点名册，由课代表完成每堂课的课前点名。学期末由音美两科课代表进行统计。将音美出勤分数汇总到“学生参加音美课评价用表”中。

②参加校级及以上艺术活动的记录。音美老师要时常鼓励学生积极参加各种艺术活动，不仅能培养兴趣、提高积极性、展示艺术风采，也能在评价中获得相应分数。每次活动后，由各班班主任或者课代表将参与的学生姓名进行统计后交给音美老师，由音美老师于学期末进行汇总。

③音美测试成绩。音美测试于学期末进行。在学期初，音美老师向学生说明测试

相关事项，好好准备。期中、期末考试后进行音美测试，成绩折分后进行汇总。

维度评价小组的主观评价需要教师引导着小组学生进行公正评价，在流程中注意拍照留存。客观评价和主观评价完成以后，根据评价要求折分汇总，留档交给班主任。

3. 教师进行主观评价时，对一些学生不够熟悉怎么办

音美每周一节课，音美老师常常需要给好几个年级、好几个班级学生上课。于是容易出现一种问题：不熟悉每个学生怎么进行主观评价呢?

首先在学期初就要做好规划。前三周，要观察、认识并了解每个班中对艺术有爱好、有特长，勇于表现自己的学生，课堂上给予他们期望、赞许、鼓励和引导，课后进行辅导和交流，持续培养他们的兴趣。4~10 周，可以通过课堂提问、鉴赏作品表达感想、艺术表演、小组创编等方式，鼓励每一位同学乐于交流、敞开心扉发表自己见解、大胆提出自己看法，充分调动主动性和积极性，也给老师留下一定印象。在剩余的时间里，对于部分还未形成深刻印象的学生，在课堂中要多留意他们。哪怕音乐美术能力很弱，也要允许他们用自己喜欢的方式去学习，允许他们有自己的见解、允许他们保留自己的观点，留给他们表演的机会。要根据不同学生的特点，分配相应的任务，并要给予一定的鼓励，尽可能关注到每一位学生，使得教师主观评价更加客观、公正、准确。

（二）身心健康维度

1. 特殊学生等级的认定办法

（1）残疾学生等级的认定办法

残疾学生（凭公立医院证明）不参与部分评价项目的评价，学期末根据各项指标成绩，提交学校学生综合素质评价委员会进行会商，确定等级。

（2）学生若因意外受伤（凭公立医院证明），学期内不能全部正常参加体育课学习、不能全部正常参加体育活动、不能全部正常接受体质测试的，各维度按受伤情况酌情给分（原则上按全班平均分给分），提交学校学生综合素质评价委员会进行会商后确定等级。

2. 在整个“运动与健康”维度评价过程中，学生个人、维度评价小组、任课教师各自的职责是什么

学生个人职责：投票选举维度评价小组；监督整个评价过程。

维度评价小组职责：在任课教师带领下对全班学生进行该学科的主观性评价，做好主观性评价结果的统计、客观性评价结果的计算和该维度学期评价结果的合成等工作。

任课教师职责：

（1）带领全体学生学习《学生综合素质评价量表（运动与健康）》。

（2）体育任课教师是各自负责班级“运动与健康”（维度）评价的第一责任人，负责进行学科主观评价，负责组建“运动与健康”评价小组，带领评价小组对全班学生进行“运动与健康”的主观性评价。

（3）体育任课教师做好各自负责班级“运动与健康”客观评价中配套的活动记录，便于客观评价成绩汇总。

（4）体育任课教师负责完成“运动与健康”维度的客观评价。

（5）指导维度评价小组成员做好主观性评价结果的统计、客观性评价结果的计算和该维度学期评价结果的合成等工作，按评价结果划分等级，评价结果存档交班主任。

明德学校学生“身心健康”主观评价量表

<table>
<tr><td colspan="6">评价班级：　　　　　　评价科目：</td></tr>
<tr><td colspan="6">评价标准（10 分）
1. 运动态度（3 分）：积极参与课堂活动，按要求完成各项训练任务等。
2. 运动习惯（3 分）：有良好的运动习惯，坚持锻炼身体，有相对固定的锻炼方式，养成积极参与、勇于克服困难的体育锻炼运动习惯等。
3. 运动兴趣（1 分）：对体育课、课间操及其它运动类课程有浓厚兴趣，积极参与体育活动，有广泛的体育爱好和一定的运动技能。
4. 运动意识（1 分）：喜爱运动，至少拥有两项体育特长，具备安全意识和能力。
5. 素养发展（2 分）：具有运动与健康学科素养优势；较上次评价运动素养明显提升。说明：学生主观评价结果 = 以上五项分数之和 *0.25。</td></tr>
<tr><td>序号</td><td>学籍号</td><td>姓名</td><td>得分</td><td>评价结果</td><td>备注</td></tr>
<tr><td>1</td><td></td><td></td><td></td><td></td><td></td></tr>
<tr><td>2</td><td></td><td></td><td></td><td></td><td></td></tr>
<tr><td>3</td><td></td><td></td><td></td><td></td><td></td></tr>
<tr><td>...</td><td></td><td></td><td></td><td></td><td></td></tr>
</table>

明德学校学生“艺术素养”主观评价量表

<table>
<tr><td colspan="6">评价班级：　　　　　　评价科目：</td></tr>
<tr><td colspan="6">评价标准（10 分）
1. 学习态度（3 分）：上课遵守纪律、认真听讲、踊跃发言；认真欣赏音乐表演和美术作品；积极参与小组合作。
2. 学习兴趣（3 分）：能努力培养兴趣；善于发现生活中的美；课堂上积极展现自我；参与社团活动；定期欣赏高雅的文艺演出和展览等。
3. 艺术表现（1 分）：积极参加各种艺术活动；对艺术作品有独特的理解和感受并表现自我；参与社区、乡村文化艺术活动等。
4. 艺术创造（1 分）：主动参与艺术作品创作；具有独特的表现风格；并通过感知感悟，实现艺术的自我创造。
5. 素养发展（2 分）：至少有 1 项艺术爱好和技能，评价周期内学科素养有明显提升。说明：学生主观评价结果 = 以上五项分数之和 *0.15。</td></tr>
<tr><td>序号</td><td>学籍号</td><td>姓名</td><td>得分</td><td>评价结果</td><td>备注</td></tr>
<tr><td>1</td><td></td><td></td><td></td><td></td><td></td></tr>
<tr><td>2</td><td></td><td></td><td></td><td></td><td></td></tr>
<tr><td>3</td><td></td><td></td><td></td><td></td><td></td></tr>
<tr><td>...</td><td></td><td></td><td></td><td></td><td></td></tr>
</table>

明德学校学生艺体学科实践活动学分记录表

学科：　　　　　　班级：　　　　　　时间：

赋分标准：每次活动总分 5 分。
类型一：学生在班级层面参与活动评选得 3 分，评选后参与校级比赛或展演 2 分；
类型二：参与校级活动的得 4 分；参加校级以上集体活动的得 5 分。
同一次活动只记录最高分。

序号	班级	姓名	得分	备注
1				
2				
3				
…				

明德学校学生“身心健康”维度学期评价汇总表

说明：
1. 身心健康评价成绩＝体育教师主观评价分数＋班级评价小组主观评价分数＋能按时参加体育课分数＋体育测试成绩分数＋参加体育活动分数。
2. 等级项说明：按班级总评从高到低排序，A 等级 50%；B 等级 30%；C 等级 20%。

序号	学籍号	姓名	教师主观评价分数	小组主观评价分数	参加体育课分数	体育测试成绩	参加体育活动分数	总评	等级
1									
2									
3									
…									

明德学校学生“艺术素养”维度学期评价汇总表

说明：
1. 艺术素养评价成绩＝音乐、美术教师主观评价分数＋班级评价小组主观评价分数＋能按时参加音美课分数＋音美测试成绩分数＋参加艺术活动分数。
2. 等级项说明：按班级总评从高到低排序，A 等级 50%；B 等级 30%；C 等级 20%。

序号	学籍号	姓名	教师主观评价分数	小组主观评价分数	参加音美课分数	音美测试成绩	参加音美活动分数	总评	等级
1									
2									
3									
…									

第四节　明德学校学生“劳动与社会实践”评价办法

学生综合素质评价方案中“劳动与社会实践”评价，围绕学生在劳动与综合实践活动中的课程修习情况以及由此涉及的劳动习惯、实践经历等方面进行评价。重点关注学生参加各类劳动与社会实践活动，如日常生活劳动、生产劳动、服务性劳动、考察探究、社会服务、设计制作、职业体验以及其他团队活动等的次数、持续时间、完成的工作以及展现出来的能力等情况。

一、评价办法

“劳动与社会实践”评价由各个实践活动项目所得学分直接折算。

“劳动与社会实践”维度评价总分为 20 分，学生“劳动与社会实践”维度得分 = 考察探究活动平均学分（5 分）+ 社会服务活动平均学分（5 分）+ 设计制作活动平均学分（5 分）+ 职业体验及其他实践活动平均学分（5 分）。

1. 考察探究（5 分）

科任教师使用《明德学校学生“考察探究”学分记录表》，记录学生每学期完成的考察探究实践活动，并提交研究报告及实证材料。

2. 社会服务（含服务性劳动）（5 分）

学生在校内有自己的服务岗位；科任教师使用《明德学校学生“社会服务与劳动”实践活动学分记录表》，记录学生每学期完成的考察探究实践活动，并提交研究报告及实证材料。

3. 设计制作（含生产劳动）（5 分）

科任教师使用《明德学校学生“设计制作与劳动”学分记录表》，每学期按学校要求完成信息技术创作作品及创意手工制作，并提交作品实证材料。

4. 职业体验、团队活动及其他（含日常生活劳动）（5 分）

每学期按学校要求参与职业体验并提交实践实证材料；参加学校组织的团队活动及其他活动并提交实践实证材料。科任教师使用《明德学校学生“职业体验与劳动”学分记录表》，进行材料汇总。

二、评价实施步骤

第一步，学习关于“劳动与社会实践”的评价标准和办法。

通过班会等形式让学生集中学习学生综合素质评价方案中“劳动与社会实践”评价办法，也让家长深入了解相关评价办法。

第二步，进行材料整理遴选。

班主任指导学生对“劳动社会实践”维度的相关材料进行整理，遴选出有代表性的材料参与班级交流展示活动。

第三步，开展交流展评活动。

以班级为单位，按《方案》要求进行标志性成果交流展示活动，无异议后相关实证材料存入《学生成长档案袋》；维度评价小组依据标准分别对全班学生“劳动与社会实践”维度和“标志性成果”进行评价。

第四步，进行数据汇总。

维度评价小组协助班主任对以上所有评价结果进行汇总，确保数据的准确性和透明度。

第五步，班级公示。

将“劳动与社会实践”评价结果通知学生本人，在班级、校内予以公示，公示期3天。如有异议，书面向班级学生综合素质评价工作小组提出申请，待核实后进行结果确认。

第六步，评价结果认定。

评价结果公示3日无异议后，班主任将该维度评价结果汇总进行学期评价。

明德学校学生“考查探究”学分评价记录表

时间：		班级		姓名		
赋分标准：每次实践活动总分5分，参考评价标准分别赋分。 类型标准一：（考查探究） 1. 活动参与（2分）：参与学科类集体实践活动（1分）并填写报告单（1分）。 2. 参与度奖励（3分）：活动参与积极主动，报告内容全面，感受真实详细（2~3分）；活动参与欠积极主动，报告单中内容欠全面（1.1~2分）；活动参与不积极主动，报告单内容空泛（0~1分）						
序号	学籍	姓名	班级	活动参与	参与度奖励	汇总得分
1						
2						
3						
…						

明德学校学生“社会服务与劳动”学分记录表

时间：		班级		姓名		
赋分标准：每次活动总分5分，参考评价标准分别赋分。 类型标准四：（社会服务与服务性劳动） 1. 活动参与（2分）：参与社会服务活动和服务类劳动（1分）并填写报告单（1分）。 2. 参与度奖励（3分）：参与积极主动，报告内容全面，感受真实详细（2~3分）；参与欠积极主动，报告单中内容欠全面（1.1~2分）；参与不积极主动，报告单内容空泛（0~1分）						
序号	学籍	姓名	班级	活动参与	参与度奖励	汇总得分
1						
2						
3						
…						

明德学校学生“设计制作与劳动”学分记录表

时间：						
赋分标准：每次实践活动总分 5 分，参考评价标准分别赋分。 类型标准二：设计制作与劳动 1. 活动参与（2 分）：参与制作类实践活动（1 分），有作品（1 分）。 2. 参与度奖励（3 分）：活动参与积极主动，作品制作精美，创意独特（2.1~3 分）；活动参与欠积极主动，作品制作不精美（1.1~2 分）；活动参与不积极主动，无作品（0~1 分）。						
序号	学籍	姓名	班级	活动参与	参与度奖励	汇总得分
1						
2						
3						
...						

明德学校学生“职业体验与劳动”学分记录表

时间：						
赋分标准：每次体验活动总分 5 分，参考评价标准分别赋分。 类型标准四：职业体验与劳动 1. 活动参与（2 分）：参与职业体验活动或劳动（1 分）并填写报告单（1 分）。 2. 参与度奖励（3 分）：活动参与积极主动，报告内容全面，感受真实详细（2~3 分）；活动参与欠积极主动，报告单中内容欠全面（1.1~2 分）；活动参与不积极主动，报告单内容空泛（0~1 分）						
序号	学籍	姓名	班级	活动参与	参与度奖励	汇总得分
1						
2						
3						
...						

明德学校学生“劳动与社会实践”维度汇总表

时间：									
说明： 1. 劳动与社会实践成绩 = 考察探究得分 + 社会服务与劳动得分 + 设计制作与劳动得分 + 职业体验与劳动得分。 2. 按班级总评从高到低排序，A 等级 50%；B 等级 30%；C 等级 20%。									
序号	学籍号	姓名	班级	考察探究得分	社会服务得分	设计制作得分	职业体验得分	总评	等级
1									
2									
3									
...									

第五节 “标志性成果”评价办法

学生综合素质评价方案中“劳动与社会实践”评价，围绕学生在劳动与综合实践活动中的课程修习情况以及由此涉及的劳动习惯、实践经历等方面进行评价。重点关注学生参加各类劳动与社会实践活动，如日常生活劳动、生产劳动、服务性劳动、考察探究、社会服务、设计制作、职业体验以及其他团队活动等的次数、持续时间、完成的工作以及展现出来的能力等情况。

学生综合素质评价方案中“标志性成果”评价，标志性成果是指学生在学校生活学习成长过程中取得的有代表性成果，如三好学生、优秀团员、科技创新大赛获奖、在报刊发表作品等。各类称号、获奖等以学校推荐、各级教育部门组织的为准，发表作品以正式报刊为准。

一、评价办法

“标志性成果”维度评价总分都为 10 分，由班主任带领班级评价小组依据标准对全班学生标志性成果进行评价，使用《明德学校学生“标志性成果”学期评价统计表》进行汇总统计。该项工作在期末考试前两周完成。

标志性成果赋分标准：标志性成果按综合类（荣誉称号）、单项奖、活动类分别赋分，满分 10 分。

综合类（荣誉称号）：三好学生、优秀学生干部、优秀团员等，市级 8 分，区级 6 分，校级 4 分，同类只加最高项。

单项奖：学习标兵、文明之星、进步之星、综合实践先进个人、科技之星、优秀运动员等，省级 8 分，市级 6 分，区级 4 分，校级 2 分，同类只加最高项。

活动类：读书之星、各类体育活动获奖、征文比赛获奖、演讲比赛获奖、书法比赛获奖等，省级 6 分，市级 4 分，区级 2 分，校级 1 分。累积加分。

其他类奖项与等级可参照以上标准执行，有异议的应提请学校综合素质评价委员会研究认定。学生在校外培训机构获得的各类证书不在认定范围。

特别说明：学生最高得分 10 分；单人累计超过 10 分，以最高分 10 分计入。

学生获得省级及以上教育行政部门颁发的综合类荣誉成果，经学校素质评价委员会认定，标志性成果评价可一票认定为满分。学生参加社会机构组织评选的获奖不在认定范围。有异议的，提请学校综合素质评价工作委员会研究认定。

二、评价实施步骤

第一步，学习关于“标志性成果”的评价标准和办法。

通过班会等形式让学生集中学习学生综合素质评价方案中“劳动与社会实践”与“标志性成果”评价办法，也让家长深入了解相关评价办法。

第二步，进行材料整理遴选。

班主任指导学生对本学期社会实践维度和标志性成果的相关材料进行整理，遴选出有代表性材料参与班级交流展示活动。

第三步，开展交流展评活动。

以班级为单位，按《方案》要求进行劳动与社会实践活动成果、标志性成果交流展示活动，无异议后相关实证材料存入《学生成长档案袋》；维度评价小组依据标准分别对全班学生“劳动与社会实践”维度和“标志性成果”进行评价。

第四步，进行数据汇总。

维度评价小组协助班主任对以上所有评价结果进行汇总，确保数据的准确性和透明度。

第五步，班级公示。

将“劳动与社会实践”与“标志性成果”评价结果通知学生本人，在班级、校内予以公示，公示期 3 天。如有异议，书面向班级学生综合素质评价工作小组提出申请，待核实后进行结果确认。

第六步，评价结果认定。

评价结果公示 3 日无异议后，班主任将该维度评价结果汇总学期评价。

明德学校学生活动展评、参赛学分记录表

<table>
<tr><td colspan="4">活动类型：</td><td colspan="3">时间：</td></tr>
<tr><td colspan="7">赋分标准：每次实践活动总分 5 分，参考评价标准分别赋分。
类型标准三：活动展评、参赛
1. 活动参与（2 分）：参与学科展演活动（1 分），获得校级及以上评选资格（1 分）。
2. 参与度奖励（3 分）：活动参与积极主动，展演获得二等奖级以上（2.1~3 分）；活动参与欠积极主动，展演（参赛）获奖（1.1~2 分）；活动参与不积极主动，展演（参赛）未获奖（0~1 分）。</td></tr>
<tr><td>序号</td><td>学籍号</td><td>姓名</td><td>班级</td><td>活动参与</td><td>参与度奖励</td><td>汇总得分</td></tr>
<tr><td>1</td><td></td><td></td><td></td><td></td><td></td><td></td></tr>
<tr><td>2</td><td></td><td></td><td></td><td></td><td></td><td></td></tr>
<tr><td>3</td><td></td><td></td><td></td><td></td><td></td><td></td></tr>
<tr><td>…</td><td></td><td></td><td></td><td></td><td></td><td></td></tr>
</table>

明德学校学生“标志性成果”评价量表

时间：

记录标准：综合类。荣誉称号：三好学生、优秀学生干部、优秀团员等，市级8分，区级6分，校级4分，同类只加最高项。奖项类：学习标兵、文明之星、进步之星、综合实践先进个人、科技之星、优秀运动员等，省级8分，市级6分，区级4分，校级2分，同类只加最高项。活动类：读书之星、各类体育活动获奖、征文比赛获奖、演讲比赛获奖、书法比赛获奖等，省级6分，市级4分，区级2分，校级1分。累积加分。其他类奖项与等级可参照以上标准执行，有异议的应提请学校综合素质评价委员会研究认定。特别说明：学生最高得分10分；单人累计超过10分，以最高分10分计入。

序号	学籍号	姓名	成果	发奖单位	发奖日期	赋分
1						
2						
3						
...						

明德学校学生“标志性成果”学期评价统计表

班级：　　　　　时间：

说明：此表用于“标志性成果”学期评价统计，班主任应指导学生随时收集、记录自己的标志性成果，期末交流展评后，由班级评价小组统一录入本统计表。

序号	学籍号	姓名	总评	学生签字	备注
1					
2					
3					
...					

明德学校学生家长评价报告

<table>
<tr><td>姓名</td><td></td><td>性别</td><td></td><td>学籍号</td><td></td></tr>
<tr><td>家长写实性评价要求</td><td colspan="5">学生的成长离不开您的关心和培养，请您以欣赏的眼光，依据五个维度的评价要求及学生在家的表现，如实、全面描述学生的成长过程、突出表现和改进建议，以促进学生全面发展、个性成长。</td></tr>
<tr><td>评价维度</td><td>评价内容</td><td colspan="3">他的闪光点（最突出的2~3点，300字左右）</td><td>他的改进方向(最主要的2~3点，100字左右)</td></tr>
<tr><td>思想品德</td><td>遵规守纪、言而有信、关心集体、尊敬师长、热爱劳动、勤俭节约、有责任意识</td><td colspan="3" rowspan="5"></td><td rowspan="5"></td></tr>
<tr><td>学业水平</td><td>主动投入学习、能发现问题、积极解决问题、学会帮助他人、养成良好学习习惯</td></tr>
<tr><td>身心健康</td><td>健康向上、有自信心、遇事理智冷静；上好体育课、有自己爱好的体育项目</td></tr>
<tr><td>艺术素养</td><td>在音乐、美术、舞蹈、戏剧、戏曲、影视、书法等方面表现出来的艺术素养和兴趣特长</td></tr>
<tr><td>社会实践</td><td>能主动与他人交流合作、分工协作；按时完成社会实践课程的学习</td></tr>
<tr><td colspan="2">家长（签字）：</td><td colspan="3"></td><td>年　月　日</td></tr>
</table>

明德学校学生《自我陈述报告》案例

<table>
<tr><td colspan="4">自我陈述报告</td></tr>
<tr><td>姓名</td><td>李小鹏</td><td>填写时间</td><td>2022 年 6 月</td></tr>
<tr><td>要求</td><td colspan="3">全面总结自己在德智体美劳等方面的表现和进步，重点描述 1 至 2 个表现突出的方面，用事实说话，突出个性，同时反思自己的不足，制定改进措施，300~400 字。</td></tr>
<tr><td>评价维度</td><td>评价内容</td><td colspan="2">自我陈述</td></tr>
<tr><td>思想品德</td><td>遵规守纪、言而有信、关心集体、尊敬师长、热爱劳动、勤俭节约、有责任意识</td><td colspan="2" rowspan="5">我在学校很活泼，爱打篮球，积极参加文体活动，在班级内担任体育委员。我非常尊敬老师，每次上学、放学我一见到老师就会主动向老师问好，与同学们相处融洽，乐于助人。在课堂上我能认真听讲，积极思考，举手发言，老师布置的作业我会认真完成，在家里我积极做练习题，不懂的问题也能主动地询问老师和同学。我热爱劳动也善于与同学们合作，作为值日小组长，我能带领自己的组员认真、负责的完成值日生的工作。在家庭里我尊老爱幼，经常帮助父母做家务，是一个很少让父母担心的人。学习之余，我关注国家体育事业，经常看体育频道，关注中国赛事，我非常崇拜运动员们，所以我在学校好好学习，课余时间认真练习篮球，希望自己将来也能成为像他们一样为国争光的人。本学期我取得了较好的成绩，但是我知道自己还有不足，上课偶尔会走神，有时测验的成绩也不理想，我以后会努力克服这些缺点，上课听讲更加认真，不再走神，努力学习，争取获得更优异的成绩，向更优秀的同学看齐</td></tr>
<tr><td>学业水平</td><td>主动投入学习、能发现问题、积极解决问题、学会帮助他人、养成良好学习习惯</td></tr>
<tr><td>身心健康</td><td>健康向上、有自信心、遇事理智冷静；上好体育课、有自己爱好的体育项目</td></tr>
<tr><td>艺术素养</td><td>在音乐、美术、舞蹈、戏剧、戏曲、影视、书法等方面表现出来的艺术素养和兴趣特长</td></tr>
<tr><td>劳动与社会实践</td><td>能主动与他人交流合作、分工协作；按时完成劳动与社会实践任务</td></tr>
<tr><td colspan="2">学生（签字）：</td><td colspan="2">年月日</td></tr>
</table>

学生综合素质评价学期评价结果班级备案表

<table>
<tr><td colspan="6">202*—202* 学年第 * 学期
学校盖章 : 明德学校班级 :202* 级 * 班 202* 年 * 月</td></tr>
<tr><td>学籍号</td><td>姓名</td><td>等级</td><td>学籍号</td><td>姓名</td><td>等级</td></tr>
<tr><td>…</td><td></td><td></td><td></td><td></td><td></td></tr>
<tr><td>…</td><td></td><td></td><td></td><td></td><td></td></tr>
<tr><td>…</td><td></td><td></td><td></td><td></td><td></td></tr>
<tr><td>班级评价工作小组成员签名:</td><td colspan="5"></td></tr>
<tr><td colspan="6">班主任签名 :</td></tr>
<tr><td colspan="6">学生代表签名 :</td></tr>
<tr><td colspan="6">家长代表签名 :</td></tr>
<tr><td colspan="6">教师代表签名 :</td></tr>
</table>

初中学生综合素质评价学期评价结果确认单

<table>
<tr><td colspan="7">学校名称：明德学校＿＿＿＿＿级＿＿＿＿班</td></tr>
<tr><td>学生姓名</td><td colspan="2"></td><td>学籍号</td><td colspan="3"></td></tr>
<tr><td>评价维度</td><td>学生日常表现</td><td>学业水平</td><td>运动与健康</td><td>艺术素养</td><td>社会实践</td><td>学期评价</td></tr>
<tr><td>评价等级</td><td></td><td></td><td></td><td></td><td></td><td></td></tr>
<tr><td colspan="7">声明：我已认真阅读以上综合素质评价结果，确认无误，无异议。（请在以下空白处书写上句，并签字确认）</td></tr>
<tr><td colspan="7">学生签字：　　　　　时间：</td></tr>
<tr><td colspan="2">学生父母（或其他法定监护人）签字</td><td colspan="2"></td><td>签字时间</td><td colspan="2"></td></tr>
<tr><td colspan="7">声明：我已认真阅读以上综合素质评价结果，确认无误，无异议。</td></tr>
<tr><td rowspan="3">注：</td><td colspan="6">1. 如实填写时间、姓名、学籍号。</td></tr>
<tr><td colspan="6">2. 在相应学期栏下方填写：相应学期内所获得等级。</td></tr>
<tr><td colspan="6">3. 请家长及学生仔细阅读后，在对应学期栏下方签字确认。</td></tr>
</table>

初中学生综合素质评价毕业结果确认单

<table>
<tr><td colspan="8">学校名称：寒亭区明德学校＿＿＿＿＿级＿＿＿＿班</td></tr>
<tr><td>学生姓名</td><td colspan="2"></td><td>学籍号</td><td colspan="4"></td></tr>
<tr><td>学期评价</td><td>第一学期</td><td>第二学期</td><td>第三学期</td><td>第四学期</td><td>第五学期</td><td>第六学期</td><td>毕业评价</td></tr>
<tr><td>评价等级</td><td></td><td></td><td></td><td></td><td></td><td></td><td></td></tr>
<tr><td colspan="8">声明：我已认真阅读以上综合素质评价结果，确认无误，无异议。（请在以下空白处书写上句，并签字确认）</td></tr>
<tr><td colspan="8">学生签字：　　　　　时间：</td></tr>
<tr><td colspan="2">学生父母（或其他法定监护人）签字</td><td colspan="2"></td><td>签字时间</td><td colspan="3"></td></tr>
<tr><td colspan="8">声明：我已认真阅读以上综合素质评价结果，确认无误，无异议。</td></tr>
<tr><td rowspan="3">注：</td><td colspan="7">1. 如实填写时间、姓名、学籍号。</td></tr>
<tr><td colspan="7">2. 在相应学期栏下方填写：相应学期内所获得等级。</td></tr>
<tr><td colspan="7">3. 请家长及学生仔细阅读后，在对应学期栏下方签字确认。</td></tr>
</table>